焼身自殺の闇と真相

市営バス運転手の公務災害認定の顚末

奥田雅治［著］
【解題】森岡孝二

桜井書店

目次

プロローグ

いまから一〇年ほど前のことだ。当時、テレビドキュメンタリー番組のディレクターをしていた私は、知り合いの弁護士から聞いた名古屋市で起きたある事件が気になっていた。私が勤めるテレビ局は大阪に本社がある。事件や事故、行政上の問題などのニュースは、当然のことだが放送エリアである関西を中心に取材する。だが、ドキュメンタリー番組となるとエリア意識はあまりなくなる。名古屋には名古屋に本社を置くテレビ局があり、当地のテレビ局が取材している事件なら多少遠慮がはたらくのだが、あまり関心を示していない事件なら〝エリア外〟であっても遠慮する必要はない。とにかく取材してみようと思いたった私は、新幹線で名古屋に向かった。二〇〇八年春のことである。

私の関心を惹いた事件というのは、名古屋市営バスのまだ若い男性運転手が焼身自殺したというものだった。当時、自殺の原因はまだよくわかっていなかったのだが、焼身自殺という尋常でない死に方を彼が選んだことに、私はひどく引っかかるものがあった。

私は、名古屋に着くとその足で弁護士から紹介されていた緑区に住む彼のご両親と会い、自殺現場に案内してもらった。そこは高速道路が複雑に入り組んだ高架下の薄暗く、ほとんど人通りのない寂しいところだった。お二人は、そこに、赤茶けたブロックを組んで小さな祭壇を作っていた。

山田勇さん、雅子さん夫妻の長男で、当時三七歳だった明さんが焼身自殺したのはその約一年前、二〇〇七年六月のことだった。その日からお二人は息子の自殺の真相を求めて、厳しく長い闘いを強いられることになった。

お二人は自殺前の様子などから、原因は息子の勤めていた職場にあるにちがいないと考えていたし、真相はすぐに判明するだろうと思っていたのだが、その思いは見事に裏切られた。真相の究明は法廷の場にまで持ち込まれ、真実が明らかにされたのは二〇一六年四月になってのことだった。

明らかになった自殺の原因は、職場でのハラスメント（パワハラその他、労働者の人格や尊厳を侵害する行為や事実）と過重労働によって極度の精神的負荷（心理的ストレス）と身体的負荷（身体的ストレス）を被ったことによるものだった。

息子はなぜ自殺したのか、しかもよりによって焼身自殺を選らんだ理由は何か、親なら誰しもが抱く疑問に、明さんの職場の同僚たちは何も答えてくれないばかりか、なぜか彼らに会うことさえままならなかった。お二人とっては苦悶の日々が続いた。

お二人はしかたなく、息子の死からおよそひと月後に、勤め先の営業所に質問状を出したのだが、「まるで心当たりがない」といわんばかりの回答書が営業所長から送られてきた。お二人は納得できなかった。

公務災害請求(地方公務員災害補償基金名古屋市支部に対する公務災害請求)をしたが認められなかった。名古屋地裁に起こした行政訴訟でも敗訴、控訴審の高裁でやっと大きな精神的・身体的負荷を被ったことが自殺の原因と認められた。明さんの死からほぼ九年後のことである。

この間、闇に隠された真相の扉をこじ開けるために、山田さん夫妻、弁護団、支援者たちが費やした貴重な、しかし苦悩と困難に満ちた闘いは、筆舌に尽くしがたいものがあった。

実は、私だけでなく、この闘いの過程をつぶさに見守り続けてきた者には、高裁での判決結果はある意味で極めて意外なものだったといえる。明さんの自殺の原因を究明するためにお二人が闘った相手は、強固で高い壁のような行政機関だったからだ。さらに職場でのハラスメントに対する司法の無理解が、お二人の闘いをさらに困難なものにした。気がつけば夫妻とも七十歳を超えていた。身体的にも精神的にも厳しい状況を背負っての闘いの連続だった。それでもお二人は、真相を明らかにし、自殺せざるをえなかった息子の無念を晴らすために闘い続けた。

大阪から名古屋に出かけて取材を続けていた私自身、地裁で敗訴したときなど、このまま取材を続けるべきか否か、迷いもあった。だが、お二人と周囲の人たちの諦めない姿に勇気づけられ、取材を続けることができた。時には「なぜ名古屋の問題を大阪の記者が取材するのか?」と難詰されたこともあったが、そんなことは気に留めなかった。途中で放り出すことができないほど、お二人と親しい間柄になっていたこともその理由のひとつだったかも知れない。むしろ、取材を進めるうちに、明さんが勤めていた名古屋市交通局の職場環境、労働環境の闇の深さに、このままでよいはずはない、明さんの自殺の原因を究明する闘いの過程を映像化し、これを社会問題化することで、その改善に役立てたいと思うようになっていた。ある意味で、私も山田さん夫妻の闘いの仲間のひとりになっていたともいえよう。

その間、この問題を取り上げたドキュメンタリー番組を四作品制作したが、八年間にわたり、しかもエリア外でのこれだけ長期間にわたる取材は、私にとって初めての経験だった。そのかいあってか、二〇一三年には「映像'13　隠された事故～焼身自殺の真相を追う～」で文化庁の芸術祭賞をいただいた。

本書は、山田明さんの公務災害死認定を追ったドキュメンタリー番組の取材過程を事実に即して記録として書き残すことがひとつの目的だが、それだけではない。若い市営バスの運転士の自殺が、この職場に特有な問題の表出にとどまらず、日本の働く場が共通して抱える闇を象徴していること、さらには行政機関による真相究明を妨害する行為とも思える対応や司法の無理解によって、遺族が長い間苦しめられ続けたという事実を明らかにすることで、この国の働く場や働き方が少しでもよくなることを願って、カメラにかえてペンをとることにしたのである。

第一章　若い市営バス運転手の焼身自殺

衝撃

それは二〇〇七年六月一三日に起きた。梅雨入りが目の前の、この時期としては珍しくよく晴れた汗ばむくらい暑い日だった。山田勇さん、雅子さん夫妻は、自宅でいつもと変わりない時間を過ごしていた。年金生活の穏やかな暮らしが毎日続くとばかり信じていたが、まさかその日を境に生活が一変するとは思ってもいなかったはずだ。その頃、お二人の長男、明さんは、重い決意を固めてある場所を目指して愛車の大型バイクを走らせていた。

目指した先は、名古屋市緑区の伊勢湾岸高速道路の高架下だった。名古屋市の中心部から少し離れた緑区は、最近になって住宅開発が盛んに行われるようになってベットタウン化が進む街だ。その緑区を通る高速道路の名古屋南インターチェンジ、ここは幾重にも高速道路が重なり合い、日々おびただしい数の車が行き交う場所だが、その高架下はというと、当時は薄暗く一方通行の道があるだけだった。いまは近くに住宅が建ち並び、生活の息づかいを感じることができる場所になったが、当時はまだ造成中で、広大な空き地が広がるだけで、高速道路の高架下の薄暗い道を通る人や車は、めったになかった。

午前一一時四五分、明さんは牛乳パックに入れたガソリンを頭からかぶり、自殺を図った。傍らには乗って来た大型バイクが放置されていた。バイクなら自宅から一五分ほどの距離だ。ガソリンをかぶり、火を放ってから二時間ほどが過ぎた頃、たまたま通りがかった男性が焼け焦げた明さんを発見した。その間、ひどい火傷を負い、激しい痛みのなかで、明さんは何を考えていたのだろうか。ドクターヘリで医師が到着したときには、全身熱傷で手の施しようがない状態だったという。

「焼けていない部分がないような状態だった」。明さんの緊急処置に当たった医師は、当時の状況を私にそう表現した。凄まじい状態だったにちがいない。すぐに名古屋市南区にある中京病院に搬送された。そのときにはまだかろうじて意識はあったが、全身が焼け焦げていて、点滴の針を刺す場所さえ見当たらないほどだったという。「非常に厳しい状態だ」と担当した医師は、病院に駆けつけた父親の勇さんにそう告げた。医師の問いかけにも満足に答えられず、薄れゆく意識のなかで、明さんは勇さんに「延命治療は望まない」と口にしたという。

集中治療室で勇さんが見舞ったときには、明さんは全身包帯姿だった。

「苦しい、苦しいと言うばかりで……」

勇さんは、集中治療室で苦しむ明さんを前にして、ただただ立ち尽くすしかなかった。その光景は瞼の奥に焼きつけられて、いまも消えることはないという。六十年以上生きてきて、これほど激しい衝撃を受けたことは、これまでなかったにちがいない。まして息子が焼身自殺するなどと、考えたことがあるはずはない。

翌日の一四日午前六時一三分に、明さんは息を引き取った。

あわただしく葬儀を済ませたが、息子がなぜ焼身自殺したのか、勇さんにはまったくわからないまま時間だけが過ぎた。五年前に明さんが新築した二階建てのまだ真新しい家の隅々を探してみたが、遺書など自殺の手がかりになるものは見つからなかった。

「どうして焼身自殺をしたのかわからなくて、辛かった」と勇さんは私に、当時の心境をそう語っている。

乗り物が好き

山田明さんは、一九七〇年六月三日に勇さんと雅子さんの長男として生まれた。ちょうど大阪で万国博覧会が開かれた年だ。日本が高度成長に湧きかえり、経済大国にのし上がった自信に満ち溢れていた時代だった。二年後には妹が生まれている。

雅子さんは往時を振り返って、「決して裕福ではなかったけれど、明るい家族でしたよ」と懐かしそうに語っている。明さんは幼稚園の頃から、朝は起こされなくても自分で起きてくるような手のかからない、おとなしい子だったそうだ。

幼児期から電車やバスに乗るのが大好きだった。「よくせがまれて、わざわざバスに乗ってね、一か月に二回ほどは遠くのスーパーマーケットまで買い物に行きましたよ。まるで恒例行事でした」と当時のエピソードも披露してくれた。

雅子さんは、明さんの妹が小学校二年生になった夏休みからは、少しでも家計の足しになればとパートに出るようになった。そんなときでも、明さんは妹の面倒をよくみて、ちゃんと留守番をしてくれたという。お昼ごはんは、決まってインスタント食品だったが、そんなことで文句を言う子どもではなかった。ものごとをよく理解する、育てやすい子どもだったという。

雅子さんは、こんなことも聞かせてくれた。

明さんが、中学三年生のときに組長に選ばれた際の話だ。小学校五年と六年のときに世話になった先生に手紙を書いて、組長になったと報告したという。報告を受けた先生はもちろん大変喜んだそうである。明さんの生真面目で几帳面な性格を表すエピソードだ。

中学、高校に進学しても、電車やバスなどの乗り物に対する関心の強さは相変わらずだったが、両親はそのうち飽きるだろうと考えていた。しかしそんなお二人の思いとは裏腹に、乗り物への熱は一向に冷める気配はなかった。高校生のときには、夏休みになると「青春十八切符」を買って、全国をひとりで旅行するようになった。大学は名古屋市南区にある工業大学にはいったが、四年間「鉄道研究会」に所属して、鉄道模型作りに熱心に取り組み、「鉄友」も大勢いたという。

そんな姿からお二人は、明さんはてっきり交通関係の仕事に就くのだろうとばかり思っていたようだ。しかし、大学の先生の紹介で就職したのは、意外にも名古屋市内にある製鋼会社だった。主に自動車に使われる金属棒などを製造するメーカーだが、入社直後にあった製造現場での研修中に、「大卒のくせに仕事ができない」などと高卒の同僚にきつく罵られ、ショックを受ける出来事があったそうだ。これがきっかけで、この会社はいつか辞めようと心に決めていたようで、四年後に退職して、自動車の大型免許を取得するために自動車学校に通い始めた。

就職先の人間関係に悩んでいたことを気にかけた雅子さんが尋ねてみると、明さんは「人付き合いがあまり得意じゃない」とよくこぼしていたという。学生時代には人間関係で悩むような様子はなかったので、雅子さんは、そのうちうまくやるだろうと軽く受け止めていたようだ。実は、明さんはそのときには、幼い頃からの夢だったバスの運転手になることを考え始めるようになっていたのだ。

会社を辞めて三か月後、大型二種の免許を取得すると、すぐに観光バス会社の採用面接を受けた。しかし、このときは免許を取得してから間がないという理由で、事業用自動車の運転手としては採用できない、と断られたという。しかし、諦めきれずにバス運転手の職探しをしていたのだろう、しばらくして自動車学校の送迎バスの運転手の職に就くことができた。

雅子さんは、「それまでの明は、仕事でストレスが大きかったのか、学生の頃と比べるとずいぶんぶっきらぼうな感じになっていてね、心配しました。だけど、自動車学校のバスの運転手になって、いままでとは見違えるように活きいきとした感じになって、とてもうれしそうでしたよ」と回想している。

ただ、この頃から生活の安定を求めて公務員になる希望も持ち始め、名古屋市交通局への就職を考えるようになったようだ。しかし、名古屋市交通局の採用試験は年に二度だけ、しかも人気の職種だった市営バスの運転手は、当時からかなり狭き門だった。しかたなく随時募集をしていたある私営バス会社の運転手の採用試験を受け、合格した。明さんが二八歳のときだ。

「夢だった路線バスの運転ができて楽しい」

明さんは、両親にそう話していたそうだが、名古屋市交通局に就職する夢は諦めたわけではなく、採用試験があるとその都度、受けていたという。

そして二〇〇一年一月、明さんが三〇歳のときに、念願だった名古屋市交通局への就職が決まった。長年抱き続けてきた夢がかなったのだ。

雅子さんは、明さんと交わした当時の会話をいまもよく覚えていて、「やっと自分にあった仕事に就けたと喜んでいたよ。大学を出て、勉強したことを活かす仕事には就いたけど、それが結局、人生どこでどういうふうに最適な仕事に就けるかわからないけど、それを自分で切り開いて、うれしかったのだと思うよ」。「定年まで一生懸命に頑張って働きなさいよ」と言うと、「わかっている、一生、頑張る」と明さんは笑いながら答えたという。

そのときの明さんの笑顔を雅子さんは忘れることができないという。少し自信をつけたように見えた息子が、頼もしく思えたそうだ。

翌年に、明さんは新築の家を購入している。

「あとは、嫁さんだね」

そう言って、よく親子で笑い合ったものだよ、と勇さん。しかし、職場での明さんの働きぶりについては、お二人はまったく知らなかった。明さんが家を購入して別々に暮らすようになってからは、月に一度か二度会って一緒に夕食を食べるくらいになっていたからだ。

男の子はそんなもんだろう、とお二人は気にも留めなかったという。

それでも会ったときには、仕事は順調で、職場で所属している「鉄道倶楽部」の仲間と鉄道旅行を楽しんだ話をよく聞かせてくれた。これはあとでわかったことだが、自殺する数日後にも仲間と鉄道旅行をする計画があったのだ。

だから、お二人には、明さんの人生は順調そのものにみえていた。焼身自殺を図るほど深い悩みを抱えているなどとは、思いもよらないことだった。

自殺の理由《わけ》を知りたい

明さんが亡くなって何日かたったが、自殺の原因については手がかりすら得られなかった。一年前に購入した新築の家のなかは以前と変わりなく、鉄道模型や鉄道部品などが几帳面に並べられていた。そのどこを探しても、遺書はもちろん心境を綴ったメモなども見つからなかった。

お金を使っていたのは鉄道に関することだけだったようで、おしゃれに興味があるわけでもなく、お酒は付き合い程度だったようだ。家のなかの様子にそんな明さんの日常がうかがえたという。

そうこうしていたある日、明さんの家に鉄道模型が届いた。勇さんが届け先に連絡をとってみると、自殺した日の午前中に郵便局から代金を振り込んでいたことがわかった。自宅と自殺現場との間にある郵便局から振り込んでいたことになる。時間的にみて、自殺現場に向かう途中、わざわざ鉄道模型を購入するために郵便局に立ち寄ったとしか考えられなかった。

「これから死のうという人間が、鉄道模型を買う代金を振り込むものですかね」

お二人は頭をかしげる。

疑問に思うのも当然だろう。死を決意した人間が、几帳面に代金の支払いを済ませるだろうか？この疑問はいまだに解けていない。それとも、誰にも迷惑はかけたくないと考え、わざわざ支払いを済ませたのだろうか。そうだとすれば、明さんの真面目で誠実な人柄が伝わってくる。

明さんの知り合いを思いつくかぎり訪ね歩いたが、ひと月近くが過ぎても自殺の理由はわからないままだった。この頃には、雅子さんは、息子に仕事上の落ち度があったのかも知れないのだから、事を荒立てないほうがよいかも知れない、とさえ思うようになっていた。しかし、親戚から「そんなことを考えたらだめだわ。無駄死というか、そこまで思ってやらないとあかん」と諭されて考え直したという。それからは、明さんの自殺の原因に心当たりはないか、お二人は訪ね歩く範囲を広げた。「なんの理由もなく、わざわざ辛い思いをする焼身自殺を選ぶはずがない。きっと抗議をしたいなんらかのトラブルがあったはずだ」。お二人はそう考えてあちこちで話を聞いて回ったものの、自殺につながる情報はなにひとつ得られなかった。しかも職場の同僚たちとは会うことすらできない日が続いた。

しかたなく、山田さん夫妻は、息子の勤め先の名古屋市交通局野並営業所に質問状を出すことにした。それはお二人が考えに考えた末の最後の望みの糸だったにちがいない。

明さんが亡くなっておよそひと月後の七月一二日付で、勇さんと雅子さんの連名で名古屋市交通局野並営業所宛に出された「家族の申し立て書」には、次のように書かれていた（原文のまま）。

故山田明の葬儀その他、いろいろお世話頂き感謝いたします。ありがとうございました。諸手続きも終わり、気持ちも落ち着き何があったのか、知りたくなりました。なぜ、一三日に家まで本人を探しに来られたのですか。なぜ、中京病院に収容されているのが分かったのですか。一三日当日、桶狭間郵便局より、趣味の鉄道模型の代金一万二千円を札幌の方に送金していました。（商品は、後日届きました）何のメモもありませんでした。私どもの推測ですが、何かを訴え、抗議の自殺ではないか、と思っています。故人は、人付き合いが下手な性格です。上司の方に迷惑をかけたと思います。人間関係の悩みがあったのでしょうか。真相が分かれば、私どもの心の深い傷が、少しでも癒されると思います。故人を成仏させてやりたいのです。些細なことでもお知らせ下さい。お手数をおかけします。書面で回答をお願いします。

言葉少なではあるが、お二人の息子への思いが詰まった文章だ。これまで、明さんの職場に対してはもちろん、誰に対しても、なにか注文をつけたり、文句を言ったりしたことのないお二人にとっては、これが精一杯の訴えだったにちがいない。

両親からの申し立てに回答があったのは、それからほぼ一か月後の八月二日のことだった。野並営業所所長名で書かれた回答書には、次のようにあった（原文のまま）。

このたびのご子息様の予期せぬ急逝に、ご親族ご一同様のお嘆き心からお察し申し上げますとともに、重ねてお悔やみ申し上げます。

さて、過日のお尋ねでありました件につきまして、ご回答申し上げます。

まず、一三日当日、明様のご自宅を営業所職員が訪ねた理由につきましては、職員が事前の連絡なく出勤しない場合で、本人、ご家族等と連絡がとれないときは、安否の確認のため職員が自宅を訪ねることとしていることによります。

　明様につきましても、日ごろから真面目に勤務され遅刻などされたことがないにも係らず、何の連絡もなく出勤されず、携帯電話にも出られないため、何かトラブルに巻き込まれたのではないか、と心配になり、確認のためご自宅にお伺いしたものであります。

　また、明様が中京病院に搬送されたことにつきましては、一三日一三時四〇分頃、明様を発見した通行人の方より一一九番通報がされているところですが、一一九番通報を集中して受ける部署である消防局情報指令課から、一五時一〇分頃、交通局総務課に明様が中京病院に救急車で搬送された旨の連絡があり、分ったものでございます。

　これは、市バスの事故等で救急車の出動要請があった場合には、交通局の迅速な対応に協力する観点から、原則として消防局から交通局に連絡がはいることになっていることによるものです。

　明様の職場の人間関係につきましては、ご本人は職員の同好会である「乗り物クラブ」に所属されており、最近では平成一八年一月に長良川への日帰り旅行に参加され、同年七月に高知への一泊旅行に参加されるなど、クラブの行事に積極的に参加されておられます。乗り物クラブは、野並営業所の職員を中心に構成されていますが、希望者は他の営業所の職員でも参加することができ、明様は鳴尾営業所の頃から参加されていました。乗り物クラブの所属員で、日ごろ明様と親しくしていた者を中心に確認しましたところ、明様は比較的物静かな性格で自分から積極的に話かけてくるタイプではありませんでしたが、他の職員とともに和気あいあいと活動されており、このようなことからも、職場の人間関係に問題があったとは思われないとのことでございます。

また、勤務態度につきましては日々、真面目に精勤されており、遅刻や急な休暇申請などはなく、営業所が休日に出勤をお願いする場合におきましても快く協力いただいておりました。

したがいまして、明様に関し所長である私をはじめ、副所長、主席助役等が迷惑に思うなどということは一切ございませんでした。

明様の急逝につきまして、ご親族の皆様のご心痛には計り知れないものがあると存じますとともに、私共も優秀な職員を失うこととなり、残念でならないところでございます。明様の普段の様子に関しましては、同じ組に所属する乗務員、乗り物クラブ所属の乗務員等、日ごろ明様と親しくしていた職員に直接、話を聞きました。また、乗務員から様々な相談を受ける立場にある副所長、主席助役、助役にも直接、話を聞きました。聞き取りをした職員は約四〇名に及びました。しかし、明様が職務に対する悩みや不満を述べておられた様子はないことから、このたびの原因につきましては、私共といたしても摑めておらず、当惑しているところでございます。

今後、明様の急逝に関する新たな事柄が把握できました場合には直ちにご連絡させていただきますので、ご理解いただきますようお願いいいたします。

季節は移ろい酷暑の候となってまいりました。ご両親さまにおかれましては、お悲しみのなかにも、くれぐれもご自愛いただきますようお願いいたします。

平成一九年八月二日

名古屋市交通局野並営業所長F

「心当たりは一切ない」というにひとしい回答書を受け取り、お二人は絶望したにちがいない。「職場」という真相を手繰り寄せる最後の頼みの糸がこの瞬間にぷっつり切れてしまったのだ。山田さん夫妻にはもう打つ手が残されていなかった。

「諦めるしかないね……」

勇さんと雅子さんは、そんな会話をため息交じりにしたという。高齢の夫妻には、これといった策が思いつくわけもない。職場でも「心当たりは一切ない」と言われてしまっては、これ以上詮索を続けることはできない。もう諦めるほかないのか、なかなか決断がつかないまま、日かずだけが空しく過ぎていった。

「上申書」と「進退願」

そんなある日、親戚が集まる機会があった。その場で突然、ある親族がこんなことを口にしたのだ。

「明さんのパソコンは調べてみたの？」

そういえば二階の鉄道模型などが几帳面に並べられた部屋に、ノートパソコンが置かれていた。鉄道関係の書籍を並べた本棚の上、名古屋市営バスの運転手が着用する帽子をかぶせたクマのぬいぐるみの横にパソコンが無造作に置いてあった。勇さんも雅子さんもそれは知っていたが、とくに気に留めることはなかった。

「たしかにパソコンのなかに何か残しているかも知れんな……」

勇さんはそう思い、さっそく明さんの家に出かけてパソコンの電源を入れてはみたものの、これまでの生活はコンピュータとはまるで無縁で、操作のやり方がわかるはずはなかった。しかなく知人の男性に操作を頼むことにした。

電源を入れるとパスワードの表示がでた。

「山田さん、パスワードを知っていますか?」

「いや、わからんな」

「それでは、パソコンのなかを見ることはできませんよ」

何か手がかりが残されているかも知れない、そう期待をしたのだが、いきなり壁にぶつかってしまった。

「なんとかならないものですか……」

勇さんはすがる思いでそう口にした。すると彼が、「時間はかかるかも知れないが、パスワードを解析できるか、あるいはなんらかの手立てで解除することができないか、詳しい人に聞いてみます」と言ってくれた。

一縷の望みを託して、パソコンをその知人に預けた。

それから数日して電話があった。

「パソコンを開くことができましたよ」

心なしか彼の声は弾んでいたが、勇さんは半信半疑だった。

「すぐにパソコンを持って行きますから、待っていてください」

そう言って電話が切れてから一時間ほどだろうか、知人がパソコンを持って来るまでの時間がやけに長く感じられた、と勇さんは話している。勇さんははやる気持ちを抑えながら電源を入れ、保存されていた文書を一つひとつ念入りに調べてみた。

残された記録から、自殺の原因を知る手がかりを早く見つけだしたい、その一心だったという。

どれくらいの時間が過ぎただろうか、その文書を目にしたときは、一瞬にして身体が凍りつく思いだったという。文書には、「上申書」と「進退願」と書かれていた。その内容は、山田さん夫妻がまったく知らないことばかりだった。

明さんが書いた「上申書」と「進退願」の全文は次のとおりだ（原文のまま）。

「上申書」

私は外見上、障害があるわけではありませんが、呼吸器系統に弱点があります。季節を問わずアレルギー症状が現れます。突然くしゃみが止まらずにぎっくり腰になったこともあります。扁桃腺も腫れて声の出しにくいことも日常的です。薬は、効果がありませんし、副作用のことを考え服用していません。何も好きで、このような体質で生まれてきたわけではありません。だからといって、全く発声していないわけではありません。自分なりに努力しています。にもかかわらずなぜ、「葬式」呼ばわりされなければならないのでしょうか。基本的人権および、職業選択の自由の侵害・不当な差別・パワーハラスメント・いじめであり、黙っていてはこのような行為がエスカレートし、自分の将来に何らかの影響を及ぼしかねないと考え、書面にしました。

「進退願」

今回の苦情の件ですが、メールによると喋りもせず、黙っていたとありますが、絶対にそのようなことはありえません。そもそも一〇日前のことをことこまかく聞いてくるので、記憶力の悪い自分は正直言って覚えていません。私は外見的には、何も変わったところはありませんが、精神的に参っています。身近な複数の友人が〝うつ〟になっており、自分も他人事ではなくなってきているような気がしてなりません。

私は呼吸器系が弱く（くしゃみ・鼻水・鼻づまり・アレルギー・扁桃腺肥大）、一〇数年前までは、喘息も患っていました。友人との会話でも自分の声が伝わらず、よく尋ねられます。乗務中であれば、自分としては発声しているのですが、バスのエンジンはかかっているし、周囲の音にかき消され結局、「黙っていた」と、捉えられかねないと思います。かといって、お客様に「聞こえましたか？」などといえば「バカにしているのか！」と言われ、火に油です。今後このようなメールや電話がかかることは、絶対にありうることです。そのたびに「またおまえか！」と苦虫を潰したような顔をされては、私もこのような状況を好みません。乗務員として、不適格であれば辞職を考えるしかありません。

山田さん夫妻にとっては、いつも温和で事を荒立てるような息子を見たことはこれまでなかった。それだけに、感情をあらわにして、怒りを込めて抗議する息子の文章を読んで、ただただ驚くばかりだった。

「明にはこんな一面もあったのだ」

勇さんは、不思議な感情に囚われたという。文書に書かれた事柄は、どれもこれも息子の口からは、これまで一度も聞いたことはなく、わからないことばかりだった。そもそも「上申書」に書かれている「葬式呼ばわり」とは一体なんのことなのか？「進退願」にある「今回の苦情の件」とはどのような出来事を指しているのか？　野並営業所所長からの回答書には「職場の人間関係に問題があったとは思われない」と書かれていただけに混乱したが、お二人は、このときになってはじめて、営業所は何かを隠しているのではないか、トラブルを隠しているのではないか、という疑いをもったという。

『上申書』と『進退願』を初めて読んで、深く悩んでいたことがわかって、親としては何も知らなくて、後悔しましたね。ただただ後悔しました。そこまで深刻に考えていたことは全然知らなくて……。バスの運転手という好きな仕事をしていて、しかも独身貴族でね、お金に困らず、優雅な暮らしをして、十分好きなことをして、楽しんでいると思っていたのですよ。でも心の中では、そこまで悩んでいたことをまったくわかってやれなくて、気がつかなくて、親としては失格ですよね。そこまで、思ってやれなくて、もう少し話し合っても、どこまで話し合えたかは、わからないけど、結論は出なかったかも知れないと思うけどね……。親としては、何度考えても悔みますよ。きっと親には心配をかけたくなかったのでしょうけどね……。好きなバスの運転手の仕事、自分の力で資格とって、試験受けて、採用が決まってうれしかったときの顔、忘れられないですよね。受かった！　受かった！　って、喜んでいた姿、忘れられませんよ。それなのに……。私たちにも心のどこかにこの子の人生は、順風満帆だと油断があったのでしょうね。本当にそこまで、気づけなかったこと、後悔……、悔やんでいます」。

雅子さんは、母親として息子の悩みに寄り添ってやれなかったことを悔やみ、自分を責め続けた。

勇さんは、「そんなこと言ってても真実はわからないのだから、一度どこかに相談に行こう」と雅子さんに前を向かせようとしたという。

お二人は相談できるところはないかとほうぼう訪ね歩いた末に、ある人の紹介で、「愛知働くもののいのちと健康を守るセンター」にたどり着いた。そこで、過労死問題に長年取り組んでいる、勇さんと同い年のベテラン弁護士、水野幹男氏を紹介された。これが山田さん夫妻にとってはその後の歩みを大きく進める出会いとなるのだが、このときにはお二人ともまだ、それを知る由もなかった。

水野弁護士の横顔とその闘い

ここで少し脇道にそれるようではあるが、山田明さんを自殺にまで追い込んだパワーハラスメントや、やはり職場の労働環境に起因する過労死について触れ、そうした労働環境の改善と労働者の権利のために奮闘する弁護士たち、とりわけ山田さん夫妻が出会い、二人のその後の闘いを支えた水野幹男弁護士の横顔とその闘いに触れておこう。

パワーハラスメント（パワハラ）という言葉が新聞記事に登場するようになったのは、二〇〇二年頃からだ。同年二月一二日付の朝日新聞には次のような記事が掲載されている。

「みんなの前で怒鳴りつけたり、メールでしつこく何度も命令したりする。上司の嫌がらせに、男性たちが《NO》の声を上げ始めている。パワーハラスメント（職場権限を使った嫌がらせ）、略してパワハラ。電話とインターネットで無料の相談を受け付けた会社の電話はパンク状態になった。深刻な不況の中で、サラリーマンたちをパワハラという影が覆い始めている。」

記事の背景には、当時の日本の社会経済状況が深くかかわっている。バブル崩壊以後の出口の見えない長期不況と経済のグローバル化にともなう労働環境の激変は、労使の力関係を大きく変え、労働現場にはこれまでにない軋みが生じていた。

職場で弱い立場にある労働者は、いたるところで苦境に立たされた。リストラという名のもとで強行された人員整理は、株価を押し上げるとして株主からは歓迎され、経営者は評価される、そんな時代である。

「社員の生活を守るのが経営者の使命だ」とされていた、かつての「日本企業の良き風土」は失われ、ターゲットになった社員はパワハラによって退職に追い詰められる、そんな職場状況がこのときから姿を現したのだ。

だが、パワハラという言葉が定着し、社会問題化されたからといって、そこには明確な認定基準はない。多くは「言った」「言わない」「した」「していない」の当事者間の意見の対立などと扱われがちである。パワハラの認定は現実に追いついていないのが実情だ。

しかし、認定基準を整備する困難さは、過労死の場合も同じだったといえる。安倍政権が長時間労働の見直しを言い立てるようになったのは、電通の新入社員の高橋まつりさんが、想像を絶する長時間労働の末に死を選んだ痛ましい事件を受けてのことだ。いまでは、「過労死」は「ＫＡＲＯＳＨＩ」として世界共通語になっているが、その過労死という言葉でさえ一九七〇年代半ばまでは存在しなかった。それまでは、長時間労働と労働者の死亡とは結びついていなかったのだ。

そのようななかで、一九八一年に大阪で小さな組織が立ち上がった。「大阪急性死等労災認定連絡会」と名づけられたその組織は、被災者遺族、弁護士、医療関係者、労働組合関係者など五五名の参加で設立総会が開かれた。翌年には労災・職業病に取り組んできた三人の医師の共著（細川汀・上畑鉄之丞・田尻俊一郎『過労死』労働経済社、一八八二年）が出版され、会の名称が「大阪過労死問題連絡会」に変更された。

その後、過労死遺族や学者・弁護士たちの努力が実って、二〇一四年には「過労死等防止対策推進法」（略称・過労死防止法）が制定され、政府も「働き方改革」を看板に、渋々ながら長時間残業の規制に乗り出してきたが、ここまで来るのに実に三十数年の月日を費やしている。

この過労死問題に一九八〇年代末から取り組み、労災請求と労災認定の運動を支援し、過労死の防止を訴え続けてきた弁護士たちがいる。そのなかのひとりが、名古屋市を拠点に活躍する水野幹男氏である。東京の川人博弁護士、岡村親宜弁護士、大阪の松丸正弁護士たちとともに、過労死問題に早くから取り組んできた草分け的存在といえる。

水野弁護士は、これまで、トヨタ自動車の社員の過労死事件の名古屋地裁判決をはじめ、数々の労働裁判で勝訴判決を勝ち取っているだけではない。一時期、大きな社会問題となった団体生命保険問題（従業員に生命保険をかけ、従業員が亡くなると会社がその保険金を受け取るもの）では、全国の取り組みをけん引して、制度の改善につなげている。いのちを奪う働かせ方に対しては仮借なく闘う一方で、遺族や若い弁護士を包み込む力を兼ね備えた実力、人柄とも定評のある弁護士だ。言うまでもなく、依頼者からの信頼も厚い。それは異色の経歴が育んだものなのかも知れない。

水野弁護士は、一九六四年に東京大学法学部を卒業し、大手自動車メーカー日産自動車に就職した。その頃は、大学卒業生には三か月の工場実習があり、ドアの溶接やエンジンの組み立てラインの流れ作業などを経験している。しかし、水野青年は、工場のラインで働く労働者のひどい状態や、労働組合の幹部が会社の中枢部に出世していく、いわゆる労使一体の組織に疑問を持ち、二年後に退社。労働者のために働きたいと弁護士を志し、一九六六年に弁護士登録を果たした。それからというもの、過労死や過労自殺など労働問題を中心に、つねに弱い立場にある労働者の側に立ち続けている。

過労死を立証する困難

水野弁護士がかかわったトヨタ自動車の社員の過労死裁判にも触れておこう。過労死とハラスメントによる自殺という違いはあるが、そこには共通する要因が少なからずあるからである。

二〇〇二年に、トヨタの工場で働いていた男性社員が夜勤勤務の残業時間中に上司の目の前で倒れ、そのまま亡くなるという事件が起こった。私は、亡くなった社員の妻が実名を公表して裁判を闘っていることを知って、一度会って話を聞きたくなり取材に入ったのだが、このときの弁護団のひとりが水野弁護士だった。

この裁判では、名古屋地裁で過労死が認められ勝利を勝ち取ったが、実は決して簡単な訴訟ではなかった。事件の概略は次のようなものである。

二〇〇二年二月九日、トヨタ自動車堤工場に勤務していた内野健一さん（当時三〇歳）が、夜勤の午前四時二〇分に上司の目の前で椅子から転げ落ちるように倒れ、救急車でトヨタ記念病院に運ばれたものの、病院に着いた頃には心肺停止の状態で、医師たちの懸命な蘇生処置にもかかわらず、二時間後に死亡が確認された。死因は致死性不整脈だった。

妻の博子さんは当時三一歳。三歳の長女・亜美ちゃんと一歳の長男・雄貴くんと幸せに暮らしていた。二人の子どもはともに六月六日の生まれ、夫の健一さんとは、「三人目もまた同じ日に産めるといいいいね」とそんな会話をしていたという。ところが、前年の秋頃から仕事が忙しくなり、残業が急激に増えていた。

「年が明けるときっと楽になる」

博子さんは、夫の言葉を半信半疑で聞いていたのだが案の定、年が明けても帰宅時間が早まることは一向になかった。健一さんの身体を心配した博子さんは、家を出る時間と帰る時間をスケジュール帳に書き込むようになった。また、健一さんが帰宅途中にガソリンを入れたり、買い物をしたりしたレシートを大切に保管し、勤務時間をチェックするようになった。

「やっぱり、残業が多い……」

博子さんは、健一さんの勤務時間をチェックし始めてすぐに、残業が異常に増えていることが気になった。

「大丈夫なの？」

「大丈夫だよ、すぐ残業時間は減るよ……」

そんなやり取りが毎日、毎晩のように続いた。

夜勤明けで帰ってくると、遮光カーテンで暗くした部屋ですぐに床につくという日が何日も続いた。身体に悪い影響はないのだろうか？　博子さんは心配でならなかった。その博子さんの心配は、不幸にも的中してしまった。その日の明け方、トヨタから健一さんが勤め先で倒れたことを知らせる電話がかかってきたのだが、博子さんは深く寝入っていたために気づかず、留守番電話に上司の声が録音されていた。妻の博子さんとは連絡が取れないため、会社は健一さんの両親に連絡した。博子さんには夫の両親から事態が伝わり、すぐに病院に駆けつけたのだが、健一さんはすでに息を引き取ったあとだった。健一さんの死に顔を見たときの博子さんの気持ちは想像することすらできない。まだ幼い二人の子どもを抱えてあとに残された博子さんは、絶望の淵に落とされたにちがいない。

しかし、四十九日が明けた頃から博子さんは、健一さんの勤務時間をあらためてつぶさに調べ始めた。あるいは、そうすることで心のバランスを保っていたのかも知れない。調べていくと驚くことに、健一さんの亡くなる前の一か月間の残業時間は一四四時間三五分だったことがわかった。博子さんは、自分で調べた結果を携えて、健一さんが勤めていた工場に出向いて話し合ってみることにした。工場では人事担当者と残業時間について話し合ったのだが、その結果、多くの食い違いが明らかになった。

当時、トヨタの工場勤務は、六時二五分から一五時一五分までと、一六時一〇分から翌日一時までの二交替制であった。この勤務時間は、一週間ごとに変わる。博子さんの調査では、たとえば、死亡する一週間前の二月一日には、健一さんは五時四〇分から二一時まで働いていた。所定の休憩時間を差し引いた残業時間は、六時間五分だ。会社側は三時間の行動が不明確だとして、その分残業時間を削っていた。

また、亡くなる六日前の二月二日には、健一さんは休日出勤をしている。博子さんの記録では、午前五時四〇分から翌日の午前二時まで働いている。しかし、会社は職場が自主的に行う改善活動（一般に「QC」と呼ばれる）が含まれているとして、七時間分を削っていた。

博子さんはその後も工場の人事担当者との話し合いを重ね、健一さんの亡くなる直前の一か月間の残業時間は一一四時間二分ということを明らかにした。厚生労働省による過労死の労災認定判断基準では、発症前の一か月間の残業時間が一〇〇時間を超えるか、あるいは発症前二～六か月の月平均残業時間が八〇時間を超えた場合、過労死の可能性が高い、とされている。健一さんの残業時間は、この過労死認定の基準を明らかに超えていた。健一さんが倒れたとき目の前にいた上司も、博子さんとの話し合いの席上では、過労死だと認めていた。それは、博子さんが録音したテープにも残されていて、たしかな証言だった。

博子さんは、健一さんの死は過労によるものだとして、豊田労働基準監督署に労災認定の申請をした。すぐに認められると信じての申請だった。

ところが、労基署は博子さんの申請を退けてしまった。つまり、健一さんの死は、長時間労働による過労が原因ではないと結論づけたのだ。会社側も夫の労災認定に協力してくれている、博子さんはそう信じていた。ところがそうではなかったことが明らかになる。

労基署は内野健一さんの労災をなぜ認めなかったのか。根拠となったのは、会社が労基署に提出した勤務表だった。しかしそれは、博子さんが工場の人事担当者と話し合った際には、まったく見せられていないものだった。

労基署が認定した健一さんの残業時間は、死亡直前の一か月間はわずか四五時間三五分、六か月間の平均は三〇時間五八分だった。これでは、過労死認定の基準は到底満たしていない。

博子さんと工場の人事担当者が合意した死亡直前一か月間の残業時間は、前述のように一一四時間二分だった。この時間さえも、博子さんが日頃付けていた健一さんの労働時間からかなり差し引いたものだったが、それでも労基署が認めた四五時間三五分とはあまりにも違いすぎた。会社が出してきた勤務表とそれによって労基署が算出した残業時間を調べてみると、実際の勤務とは明らかに矛盾していることが見て取れた。

健一さんは、残業中の午前四時二〇分に上司の目の前で意識を失い、その後、死亡している。この日の残業時間は三時間三五分だ。それは博子さんとの話し合いの際、工場の人事担当者も当初から認めていた。ところが、会社がのちに労基署に提出した勤務表では、残業時間は二時間になっていた。労基署が算定した残業時間もそれに近い二時間五分である。しかし、これでは、健一さんが上司の目の前で意識を失ったときには残業をしていなかったことになるではないか。これは仕事中に上司の目の前で倒れたという、動かしがたい事実と矛盾する。

ところが、この矛盾を埋めるかのような上司や同僚の証言が、労基署が作成した調査記録には載っていた。それによれば、健一さんは、工場に長時間残っていたものの仕事はせず、世間話をしたり、お茶を飲んだりしていたということになっていたのだ。労基署は、トヨタ側の証言を鵜呑みにして、労災の申請を退けたわけだ。

労基署の決定に納得のいかない博子さんは、二〇〇七年の七月、労基署を管轄する国を相手どって裁判に訴えた。

過労死や過労自殺で大切な家族を失った人の数は増え続けている。厚生労働省の調べによると過労死を含む脳・心臓疾患の申請件数は、二〇一六年度には八二五件あったが、認定数は二六〇件（うち死亡一〇七人）と、その認定の壁はまだまだ厚いというのが実情である。また同年の過労による精神障害や自殺の申請件数は一五八六件と過去最多となったが、認定件数は四九八件（うち自殺八四件）にすぎない。

労災死認定が進まない最大の理由は、企業側に立った認定方法にあると言われている。企業側が残業時間を減らして申請すれば、簡単に労災逃れができるというのが現状だ。遺族の言い分が認められることは至難だ。実際の労災死認定の調査で、会社の同僚や上司が、会社側に不利な証言をすることはなかなか考えづらい。また、過労死の申請件数は増えているにもかかわらず、調査する監督官の数は十分とはいえず、実態の解明にかける時間がほとんどない、との指摘もある（二〇一四年度以降はわずかながら増員されている）。

内野健一さんの労災死認定の場合も例外ではなかった。会社側に立つ同僚や上司の証言がそのまま取り入れられ、遺族の言い分は完全に無視された。健一さんが残業時間に書いていた日誌には、業務中に起きたトラブルが手書きの図も添えられて詳細に書き込まれていて、次の担当者に申し送られていた。健一さんが死亡した日、倒れる直前に書いていた日誌からは、この日は生産ラインが止まったあともトラブルの処理に追われていた様子が描かれている。

その一部を見てみよう。

「申し送りのドアのへ込み、当直にても多発しました。ライン終了後、ドアロック部に遺物付着により、通電異常が働き、ラインストップ多発の連絡あり。来週、手直ししますので、保留願います。」

会社のため残業をいとわず、結果としていのちを削りながら、それでも懸命に仕事に取り組む健一さんの姿が目に浮かぶ。

裁判では、水野弁護士をはじめ弁護団が博子さんの記録した残業時間の記録を綿密に検証したこと、さらに、健一さんの同僚の証言を得ることができたことが大きく影響した。弁護団は法廷の場において、健一さんの死は過労とストレスによるものだということを見事に立証した。

判決の日、博子さんは自宅の裏にある神社にお参りして、勝利判決が得られるよう願っている。「絶対に勝てる……」そう自分に言い聞かせるようにつぶやくのを、私は聞いた。いつも支援者たちの前で見せていた強気な博子さんの姿は、そこにはなかった。私に初めて見せた不安げな姿だった。

二〇〇七年一一月三〇日、判決が名古屋地裁で言い渡された。

完全なる勝利だった。

判決では、健一さんが亡くなる直前一か月の残業時間は一〇六時間四五分と認定された。この時間は、健一さんが工場で仕事をしていたと認められる確実な線を採用したものだった。

また、判決では、健一さんが行っていた品質管理のクレーム対応業務に目を向け、相当にストレスの高い仕事であると認められた。さらに、トヨタ自動車の工場で採用されている連続二交替勤務について、深夜勤務は人間の生体リズムに反し、疲労の蓄積を招く、と指摘している。

トヨタにおいては、QCと呼ばれる職場の小集団改善活動は「仕事ではない」、「自己研鑽だ」と言われていたが、人事考課に影響するために、実際には強制的な仕事となっていた。しかし、さきの判決は、QCについても、「事業活動に直接役立つ性質のもの」あるいは「事業活動に資する」もので、会社自体もそれらを育成・支援していることを理由に、その業務性を認めた。トヨタだけではない。日本の多くの企業で、「仕事ではない」、「自己研鑽だ」と言われながら、実際には強制的にしなければならない仕事は、実にたくさんある。判決が、これらの〝隠れた仕事〟を会社の指揮命令下での業務だと認めた点は、極めて画期的だったといえる。

夫は過労で倒れ、死んだ。

この単純な事実が認められるまでに、実に六年という歳月が費やされた。しかし、そこで大きな役割を果たしたのは、妻の博子さんが夫の働き方に不安を感じて書き記していたメモや保存していた領収書だった。また同僚たちの協力も大きな力となった。だから、こうした証拠を家族が残していない、あるいは立証に協力してくれる職場の同僚がいないかぎり、過労死を証明するのは極めて難しいということなのだ。

第三章　立ちはだかる大きな壁

証拠保全を申請

山田明さんの事件に戻ろう。

明さんの焼身自殺の原因は職場にあったにちがいないと、山田さん夫妻も水野弁護士も確信していた。しかし、それを証明する手がかりは、それまでのところ明さんが書いた「上申書」と「進退願」しかなかった。真相究明に協力してくれる職場の同僚は誰ひとり現れなかった。前章で紹介した内野博子さんの闘いと比べてみても、お二人は大きなハンディーを背負っていたといえる。

書類を眺めながら、水野弁護士が深いため息をついた。闘うにはあまりにも証拠が少なすぎた。

「この事件は立証が大変だな……」

水野弁護士から思わず漏れた言葉である。

手を尽くしたものの、それまでのところ明さんの職場の同僚から、自殺につながる情報の提供や協力を約束してくれそうな人物は見つかっていなかった。明さんが職場でどのような扱いを受けていたのか、あるいは、なんらかのトラブルに巻き込まれていなかったのかを知る手がかりはまったくないにひとしかった。水野弁護士は、長い弁護士生活の経験から確信していた。どんな職場のトラブルでも、親しい同僚や知人が正義感から必ず協力を申し出てくれるはずだ、と。だから水野弁護士は、明さんの勤め先、名古屋市交通局野並営業所の〝特異性〟を感じざるをえなかった。「上申書」と「進退願」から、職場でなんらかのトラブルがあったことは推測できた。しかし、それがどのようなトラブルだったのかは、同僚の協力や情報提供者がいないかぎり、わかりようがなかった。

「裁判所に証拠保全を申請してみるか」

水野弁護士は、職場になんらかの手がかりが残されている可能性を信じて、明さんに関する書類を証拠保全するよう裁判所に求めた。

仮に不都合な事実があったとしたら、職場はすぐに関係する書類を処分してしまう。だが、公務員の職場では、規則で処分したくても処分できない書類があるかも知れない、水野弁護士はそう考えたのだ。

裁判所の立会いのもと証拠保全で押収した書類は相当の数に上ったが、手がかりになるようなものはなかなか見つからなかった。一枚一枚見ていくしかない途方もなく根気のいる作業だが、大事な資料が隠れているかも知れないと思うと、不思議と力が湧いたという。

ある書類が水野弁護士の目にとまった。

それは、二〇〇七年二月三日付の「添乗指導記録票」と書かれた記録だった。添乗指導とは、市の職員が身分を隠すなどしてバスに乗り込み、運転手の勤務態度をチェックするものだ。気になったことがあれば、「添乗指導記録票」に書き込み、本人に注意として伝えられる。当日、明さんのバスに添乗した市の職員の記述には、次のようにあった。

〝葬式の司会のようなしゃべりかたはやめるように〟

「これだ！」

水野弁護士は、思わず椅子から立ち上がった。明さんのパソコンから見つかった「上申書」にあった、「なぜ、『葬式』呼ばわりされなければならないのでしょうか」という訴えとぴったり符号しているではないか。

「『葬式呼ばわり』とはこのことだったのか！」。水野弁護士の言葉には力が感じられた。

出てきた書類はそれだけではなかった。

添乗指導が行われた三か月後には、明さんのバスに乗った客から苦情があった、という報告書が作成されていた。名古屋市が作成した《平成一九年五月二日発生、苦情案件について》と記された報告書によると、苦情とは次のようなものだった。

発生は五月二日。大人二人に幼児と乳児の四人の家族が乗車したときのこと、乗客は、バスに乗ると大人二人分の料金を名古屋市交通局が発行するプリペイドカードで支払うと申し出た。運転手は一回の挿入で二人分の料金を差し引く操作をしたにもかかわらず、そのことを乗客に知らせなかった。

そのため、乗客がもう一度カードを挿入してしまい、結果的に四人分の料金を支払ってしまった。乗客がそのことを申し出ると、運転手は余分に差し引かれた分の料金を引換券で返金してくれたのだが、その際、引換券の説明も、お詫びの言葉もなかった、というのが苦情の内容である。さらに、乗客はベビーカーに幼児を乗せたまま乗車したのだが、運転手からはなんの説明もなく、ベビーカーは座席に固定してくれたが、降りるときには外してもらえなかった、という。名古屋市が作成した報告書には、日時不明と書かれているが、運転課指導係からの苦情処理依頼を受け、野並営業所の助役が調べた結果、乗客から申し出のあったバスの系統、乗車バス停、乗車時刻からA職員が特定された、と書かれている。A職員とは明さんを指す。報告書には、A職員は「覚えていない」と否定したので、その旨を指導係に報告したとある。

市の内部資料を読み解く

名古屋市の内部資料の記載はさらに続く。

五月一六日(水)、運転指導係から、苦情について再度確認するよう指示を受けた野並営業所の助役は、再び明さんに事情を聴取する。報告書には、「職員は当初、『覚えていない。何日も前のことなのでわからない』と自分が該当するのか、しないのか曖昧な受け答えをしていましたが、『どのバスに乗ったかお客様にプリペイドカードの裏面を見せてもらうとわかるけど、覚えていない?』と聞くと返事を躊躇しました」。そこで、Ａ職員が苦情を受けたか、受けていないのかをはっきりさせることよりも、再発を防止することに意味があると考え、「『今後、同じ様なことが起こらないようにするためにどうすればいいか考えよう』と話を切り替え『お客様とは、聞き取りやすいはっきりした声でやりとりすること』『声が小さければマイクの音量を上げればよいこと』『お客様の立場、気持ちを理解して説明すること』を指導しました」とある。

この乗客からの苦情による指導の内容に対する不満が、明さんが書いた「進退願」にある「今回の苦情の件ですが、メールによると喋りもせず、黙っていたとありますが、絶対にそのようなことはありえません。そもそも一〇日前のことをことこまかく聞いてくるので、記憶力の悪い自分は正直いって覚えていません。私は外見的には何も変わったところはありませんが、精神的に参っています。身近な複数の友人が〝うつ〟になっており、自分も他人事ではなくなってきているような気がしてなりません」という記述と合致している。報告書には、明さんが納得したかのように書かれているが、実は納得していなかったことは明白だ。

しかし、明さんの心情とはかかわりなく、苦情にともなう一方的な指導は続いた。

報告書によると六月六日（水）、今度は、模範的な運転手の接客を体験することにより、その良い点、参考になる点を自らの接客に活かすため、Ａ職員が野並営業所に所属する模範的とされる運転手のバスに添乗した、と記されている。

さらに三日後の六月九日（土）、野並営業所の主席助役がA職員を指導。報告書によると、指導は苦情を受けたことを叱責したり「こうすべき」と一方的に押しつけたりするものではなく、今回の関係者のように、A職員自身が市バスの利用に不慣れだとしたら、どのような対応を乗務員に望むかを自分で考えさせた、とある。そして、A職員は素直に反省の態度を示し、接客向上に努めると述べた、と記されている。

その二日後の六月一一日（月）には、A職員から、営業所の主席助役に模範運転手のバスに添乗した際のレポートが提出されている。

報告書によると、当該レポートには、苦情を招いたことに対する反省だけではなく、苦情をいただいたことへの感謝の気持ちと今後の頑張りについての決意が書かれており、A職員の前向きな姿勢が強く伝わってくるものであった。このため、営業所の主席助役は、その点を高く評価するとともに「今後もがんばってください」と励ました、と記されている。

明さんが書いたリポートは、「過去に何度となくベビーカーをともなったお客様にご乗車いただいてきましたが今回、はじめてご意見をいただきました。正直その時にもどってあやまりたいと思います。とともに貴重なご意見を頂いたことに感謝いたします。こんな自分ですが、まれに『ありがとう』と声をかけていただくことがあります。ひとりでも多くのお客様に『ありがとう』と言ってもらえるようがんばります」という言葉で締めくくられている。

だが、明さんはこの指導には納得していなかった。だから「進退願」を作成していたのだ。仮に報告書の内容のとおりであったとすれば、明さんは、どのような気持ちで上司の指導を受けていたのだろうか。強く否定することもできたはずだが、そうできない何かがあったとも考えられる。あるいは明さんは反論していたのかもしれない。市側が都合のよい報告書を書いた可能性は否定できない。いずれにしても、明さんが亡くなったいまとなっては、報告書から当時を推測するほかない。その真偽は、同僚からの証言に期待するほかなかった。だが、同僚たちは口を閉ざしたまま、誰ひとり協力を申し出る者はいなかった。

市の内部資料を読み進めていくと、明さんには追いかけるようにトラブルが降って湧いていたことがわかった。

明さんが「添乗リポート」を提出した翌日のことである。今度は、バスで起きた乗客の転倒事故で、明さんは当事者として警察に出頭させられていたのだ。

市が作成した「事故経過記録」によるとこの事故の経緯はこうだ。

二〇〇七年六月七日に運転指導係がある女性から電話連絡を受け、野並営業所に調査を依頼したのが事の始まりだ。電話の内容のあらましは、次のようなものだった。

女性は、五月二八日に「滝子」というバス停から金山バスターミナル発のバスに午前一一時時半ごろ乗車した。「桜山東」の停留所を発進した直後にバスが揺れ、満員で座れず両手に荷物を持って立っていた女性は、身体を支え切れず、バランスを崩して社内の段差部分に倒れ込んでしまった。この際、腰と頭を打ったが、たいしたことはないと思ったので、運転手には声をかけずに降りた。このとき、周りの乗客からも苦情は出なかったらしい。女性の申告が事実であれば、満員の車内で高齢の女性が倒れたのに、運転手は気づかず、乗客からも声が上がらず、運転手に苦情を言う者はいなかったことになる。はたして、そんなことがあるだろうか？　だが、後日、女性は心配になり、いつも通っている病院に行きレントゲンを撮り、湿布薬をもらってきたという。その後も異常はなかったが、数日して腰に痛みを感じたので連絡した、というのが苦情の内容だった。

これを受け、野並営業所の主任助役と助役の二人が、転倒したと連絡してきた女性宅を訪ねて状況を確認している。

杜撰で恣意的な調査と姑息な事件処理

二人が確認した事故当時の模様は、市の記録によると次のようである。

乗車した停留所は滝子。乗車時間は午前一一時半。女子学生が多数乗車していて満員だった。料金の支払い方法は敬老パス。転倒したときの状況は、両手に荷物を持って立っていたところ桜山東を発車直後にバスが揺れ、その際に転倒してしまった。同乗していた知り合いの男性に助け起こしてもらった。女性が転倒したことに運転手は気づいていなかったし、乗客の誰からも苦情は出ていなかったようだ。

市の作成した記録を読むと、話を聞いた主任助役と助役は、女性の申告内容を検証することなく、それを鵜呑みにして、事故を起こしたバスの運転手の特定に着手していることがわかる。

二人はまず、一一時三三分に滝子を発着するバスの男性運転手に状況を聞いている。運転手は、滝子で乗車した客はいなかった、滝子付近における車内は、客席シートが埋まる程度で満員状態ではなかった、また、車内で客が転倒した事実はない、と答えている。

主任助役と助役は、女性と運転手の状況説明があまりに違うため、乗客の乗り降りを記録した「乗客調査表」を取り寄せて、滝子での乗客数を確認することにした。

すると滝子を一一時三三分に出発したバスの「乗客調査表」には、そこで乗車した客の記録はなかった。そこで二人は、女性が乗車時間を勘違いした可能性があると考え、再度確認することにした。

主任助役が女性と会い、バス車内の何種類かの写真を見せたところ、女性が乗車した車両は、車椅子のためのスペースが横座りの座席ではなく、前向きの座席で、車内の段差が二段ある車両だということがわかった。それで女性が乗車したバスは、新型のＮＨ型だと断定された。行き先は「瑞穂運動場東」に間違いなく、同じ路線を走る「池下」行きではないと判断された。

主任助役は、行き先と車両の型式で金山バスターミナルを午前一一時台に出発する瑞穂運動場東行きのバスで、一一時台に滝子を発着するほかの車両を確認したが、該当する型式はなかった。念のため、同じ型式に乗車する運転手に確認したが、車内で転倒事故があった記憶はないということだった。結局、女性の説明からは、車両や運転手を特定することはできなかった。そこで、女性を車内で助け起こしたとされる知人の男性から話を聞くことにした。

営業所の主席助役と助役の二人がその男性と会ったのは六月一二日、午前一〇時四五分に、いつも女性と顔を合わせるという病院の待合室で話を聞いている。市の記録によると、男性は「乗車したのは金山ターミナルを午前一〇時二三分に出発するバスです。私は、毎日この時刻のバスを利用して、この病院に通っているので間違いない。そのバスできょうもこの時間に来ている」と答えている。さらに車内写真を見せたところ、女性と同様に新型のNH型だという証言が得られたという。

営業所に戻り確認したところ、金山を午前一〇時二三分に出発するバスは明さんが運転していて、車両の型式は証言と同じNH型であることが判明した。さらに「乗客調査表」を調べたところ、女性が乗ったとされる「滝子」のバス停では二人乗車していた。また、降りたとされる「藤成通五丁目」のバス停では同じく二人降りている。

その日、明さんは午後〇時四分からの乗務予定だったのだが、この事故についての事情を聞くために乗務を外す措置が取られ、乗務予定のバスにはほかの運転手があてられた。

午後二時から主席助役と主任助役による明さんへの事情聴取が、営業所長が在席する所長席横の来客用の席で始められた。

記録には、主席助役が明さんに「五月二八日に車内事故が発生しており、金山発車時刻、車両形態について、関係者と介助してくださった方に確認したところ、山田明運転手が該当している。何か思い当たることがあったら教えて欲しい」と聞いたとある。

これに対して明さんは「当日は、そんなことはなかったし、関係者よりそのような申し出もなく、乗客よりなんのお叱りも受けなかったが、私が運行する時間帯であれば、そうでしょう」と答えたとある。

主席助役は、「関係者も運転手さんは、気づいていなかった様子だと言っており、身に覚えがないかもしれないが、当該場所、時刻に車内で事故が発生したことは確かであり、当局が補償しなければならない」と説明したところ、明さんは、事故届けを提出することについて了承したという。そして、午後二時半には、主任助役と助役、そして明さんの三人で事故が起きた場所を所轄する昭和警察署に向かっている。

午後三時頃、昭和警察署に事故の届けを出したところ、警察から「関係者の話も聞きたい」と言われ、主任助役と助役が転倒したとされる女性を迎えに行き、署内で証言をしてもらっている。事故届けが警察に受理されると、女性は「私は、事を荒立てるつもりもないので、できるだけ穏便に済ませたいが、息子に相談したい」と申し出たという。

午後五時半には、警察での手続きがすべて終わり、明さんは営業所に戻り、主任助役と助役は転倒したとされる女性を自宅まで送り届けた。午後六時頃、主任助役と助役が、女性を自宅に送り届けた際に女性の息子と対面している。息子は、「母親の問題なので、私は関与しない」と述べたという。そこで、主任助役は「発生してから日数が経たあとに判明した事故でもあり、好意的に考えてもらえないか」と持ちかけたところ「のちほど連絡させてもらう」と答えたという。

主任助役が、午後八時過ぎに女性宅に電話を入れたところ、「いろいろと考え、息子とも相談したが、明日に医者に出向き、医師の診断を受けて結論を出したい」と述べたので、主任助役は、「医師の診察が済み次第、結果報告が欲しい」と伝えたという。その後、主任助役は、明さんに対して、女性と話しができたこと、示談が上手くいくかもしれない、と伝えている。

明さんに事故の有無を確認してから、警察署に出向き事故処理をし、転倒したとされる女性と示談を持ちかけるのにわずか六時間ほどの時間しか要していない。周到に準備されていたか、あるいは彼らがこうした事故処理に馴れていていたのか、いずれにしても、お安い御用だ、といわんばかりの手際のよさだ。

付け加えておくが、このとき主任助役たちが女性に持ちかけた「示談」は正式な手続きではない。裏取引だ。いわゆる私費で示談金を支払い、警察への届け出を取り下げてもらい、市に報告しなければならない事故をなかったものにする手段だ。これならば、当事者が納得すれば、正式な事故処理をしなくても乗客からの苦情を円満に解決することができる。どうみてもこのケースだけに思いついたとは考えにくい。少なくとも野並営業所では、このやり方で事故をなかったものにする手法が頻繁にとられていたと推察できる。当時、名古屋市交通局では、営業所間での無事故を競い合っていた。だからこれは「ほかの営業所に負けないために」半ば当たり前になっていた手法だったのかも知れない。

なにより驚くのは、調査の過程で、この女性は本当に転倒したのか、ということを営業所側が疑いもせず、検証もしていないことだ。事故が起きてから一〇日も過ぎてからの客からの一方的な話だ。たとえ「助けた」と主張する男性が現れたとしても、口裏を合わせたとは考えなかったのだろうか。前に書いたとおり、転倒した女性もそれを介助した男性も、運転手は事故に気づいておらず、周りの乗客も何も言わなかった、と証言している。一体、そんなことが現実にありえるのだろうか。バスの車内で誰かが転倒すれば、車内がざわつかないはずがない。車内がざわつけば、運転手が確認しないはずはない。こんなことがはたしてありえるのか。しかも、明さん以外の運転手が「身に覚えがない」と答えるとそのまま受け容れたにもかかわらず、明さんが事故の当事者であることを強く否定しなかったことを根拠にして、一気に事故処理をしたことが、名古屋市交通局が作成した「事故経過記録」からは読み取れる。杜撰で恣意的な調査に加え、姑息な事件処理といえよう。

これは名古屋市交通局の体質、「お客様第一主義」を掲げてはいるが、その実は「事なかれ主義」の表れとはいえないか。

主席助役や主任助役には納得していたように見えた明さんだったが、午後八時四二分には、直接の上司に対して次のようなメールを送っている。

「きょう、出勤時に二週間前に車内事故があったと言われました。自分は全く覚えがなく、申し出もなく、正直、納得できません。」

異議申し立てのメールは無視された

明さんは、自分のバスで転倒事故が起きたとされ、警察に連れて行かれ取り調べを受けたことに納得していなかったのだ。

これに対して上司は、「本日、入庫したら確認します」とだけ返信メールを送り、直接事情を聞いたり相談に乗ったりすることはなかった。明さんの異議申し立てのメールは無視されたのだ。

実は明さんは以前、鍵が壊れた自転車に乗っていて窃盗犯扱いをされ、警察の取り調べを受けたことがあった。それ以来、警察に対して不信感を抱くようになっていたという。だから今回もまた身に覚えのない事件で警察の取り調べを受けたことは、精神的には大きな打撃だったにちがいなかった。

明さんは、上司にメールを送った二時間後の午後一〇時頃に帰宅している。この間、明さんの身に何が起きているのかまったく知らない同僚が、営業所にいた彼の姿を偶然見ていた。

同僚はのちに、「いま思うと憔悴しきって、疲れているような感じだった。疲れているようなら、早く家に帰ればよいのに。ここにいなければならない理由でもあるのかな？　と思ったが、『お疲れさま』と声をかけて、私は先に帰った」と証言している。同僚の眼から見ても、明さんは憔悴しきっているように見えたのだ。

翌日の午後〇時一五分に、件の女性から「診断の結果、担当医はしばらく様子をみたらどうか、と言ったがこれ以上迷惑をおかけするのも気が重いので示談交渉に応じる」、と主任助役に電話連絡が入っている。主任助役は、女性の気持ちが変わらないうちに話をつけようと思い、「できるだけ早い時期に自宅にお邪魔します」と即座に答えたという。

このときにはすでに、明さんは高速道路の高架下の人通りの少ない場所で、ガソリンを頭からかぶって焼身自殺していたのだ。

そして営業所内でも、明さんの焼身自殺が知れ渡っていたであろう翌一四日午後六時には、主席助役と主任助役が女性宅を訪れ、なにごともなかったかのように手際よく示談書を交わしている。このとき、営業所長のポケットマネーから三万円が支払われたことがのちに明らかになった。完全な口封じだ。女性と示談を済ませたその足で、二人は昭和警察署にも出向き、示談した旨を伝えている。こうして事故はなかったことにされた。

なお、これはのちにわかったことだが、「添乗指導記録票」には、前年の二〇〇六年一〇月には、営業所長、副所長、主席助役の営業所の幹部三人が、同じ二七日に、時間帯を変えて明さんのバスに指導のために添乗したことも記されていた。この不自然な添乗指導は、明さんに対するハラスメントを疑うに十分だった。

営業所長名の回答の嘘が明らかに

ここまで見てきた名古屋市交通局の内部資料から明らかのように、職場でのトラブルに思い当たる点はない、との営業所長名の山田さん夫妻に対する回答は、真っ赤な嘘だったのだ。トラブルがなかったどころではない。明さんには、二月から六月のわずか四か月の間に、このように次から次と身に覚えのない災難が降りかかっていたのだ。そしてその過程で、明さんは明らかにハラスメントのターゲットにされていた。

それを知ったときのことを振り返りながら、勇さんはこう語っている。

「自分たち夫婦は、息子が死んで、もう済んだことだし、なにを言っても息子は帰ってこないという気持ちがあったのは事実です。本音を言うと、静かにして欲しいという気持ちが強かった。しかし、営業所がトラブルを隠していることを知って、怒りがこみあげてきた。息子が悩んでいることを何も知らなかった、助けてやれなかったことが申しわけないというか、力になってやれなかったこと後悔しました。同時に営業所に怒りを覚えました。このままでは息子の死は無駄になる。そんなことにするわけにはいかない、と心を決めました。」

雅子さんは、その胸のうちを次のように語っている。

「自分が、トラブルを起こしていないのなら、自分の考えを押し通せばよかったのにと思いますよ。別に市バスの運転手を辞めてもいいのだから。『こんな職場は、辞めてやる』というふうに決めて、死ぬこと考えずにほかの仕事をしてもいいのだから、って考えて、上司に抗議すればよかったと思うと、残念でたまりません。みなさんの力を借りて、ここまで真実が明らかになってきたのだから、ケリをつけたいです。」

のちに明らかになったことだが、名古屋市交通局や野並営業所が山田さん夫妻についた嘘はこれだけではなかった。

地方公務員災害補償基金名古屋市支部への審査請求

さらに勤務表を調べてみると、明さんは休日出勤や残業時間が、同じ営業所の同僚と比べると多いことがわかった。月に六〇時間ほどで、同じ職場のなかでは時間外労働を突出して多くしていたのである。

二〇〇八年七月二日、山田さん夫妻は、明さんの自殺は職場でのパワーハラスメントと過重労働による過労など極度の精神的・身体的負荷が原因で起きたことを明らかにするため、地方公務員災害補償基金名古屋市支部に公務災害死の認定を求めて審査請求を行った。

公務災害の場合、当事者でもある職場の責任者の意見も申請書に書き込まれる。明さんの場合は、名古屋市交通局長が意見を書くことになる。被災者が公務災害の審査請求をする際に、請求者とは利害が対立する職場の責任者の意見を書き添えることが規則で決められているのである。実に奇妙な決まりで、民間の労災認定の申請では考えられないことなのだが、公務災害の申請にはそのような決まりがある。

明さんの申請書には、名古屋市交通局長の意見として、「公務上の災害に該当するか否かの判断が困難である」とあった。つまり、交通局としてはどちらとも言えない、と判断を避けたわけだ。補償基金の名古屋市支部は、民間の労働者が労働災害の認定を申請する労働基準監督署にあたる組織である。公務員が公務遂行中に遭遇する公務災害については、国家公務員災害補償法および地方公務員災害補償法によって補償される。地方公務員の場合は、地方公務員災害補償基金に対して申請を行って、同基金の認定を受けなければならない。

公務災害は民間の労働災害と比べてその認定率が著しく低いなどの問題がつねに指摘されているが、それは、公務災害を認定する基金の制度自体に原因があるのである。民間の労災認定でも、たとえば被災者が亡くなった場合には、その遺族が労働災害死であることを証明しなければならないため、証拠・資料を握っている企業側がはるかに有利だという点がつねに問題にされるが、審査する労働基準監督署は、まがりなりにも企業からは独立した国の組織である。だが、公務員の労働災害を審査する地方公務員災害補償基金の支部は、名古屋市の場合、名古屋市役所の組織の一部なのだ。組織の長である支部長は、名古屋市長が務めている。人事異動で人の交流も頻繁に行われている。つまり、身内で起きた労働災害を身内が審査するという奇妙な構図になっているのだ。しかも、被災者側が審査請求のための資料を提出する際には必ず職場を通す決まりになっている。これでは、請求者側が、どのような資料を持っていて、どのような方法で公務災害を立証しようとしているかが、相手側に筒抜けになってしまうわけだ。つまりこの制度では、公平な審査は初めから望めないのである。

「公平な審査ができるのですか？」

勇さんが、水野弁護士にそう聞いたのも無理はなかった。誰が考えても、初めから不利な闘いに思える。しかし、これもしかたのないことなのだ。この手順を踏まないかぎり、裁判に訴えることができないルールになっているからだ。この仕組みは、そもそも裁判は審理に時間がかかり、被災者側に心身、金銭的に大きな負担がかかるため、早期の解決を図ることを目的に国が決めた制度である。

しかし、現実には、民間の労災認定の審査制度と同様に、審査請求をしてから決定が出るまで何年もかかっている。決定が出たとして、その決定に不服な場合には再審請求をすることになるが、これがまた何年かかかり、その結果を待ってやっと裁判に持ち込むことができるのだ。つまり、被災者側はそれまでに訴えを二度にわたって退けられたことになり、その心理的負担はかなり大きくなる。だから審査の途中で諦めてしまい、裁判を断念する請求者は、決して少なくないのである。

しかし、山田さん夫妻は、どんなに時間がかかろうとも、またどんなに回り道をしようとも、なんとしても明さんの無念を晴らしたいと、公務災害死の認定を求めて審査請求を行うことに心を決めたのだ。

だが、大きな課題は残ったままだった。自殺の真相を明らかにするうえで最も頼りになるはずの職場の同僚からの証言や情報提供は、相変わらず皆無だったのだ。「職場の締めつけが厳しい」とか「下手に協力していることが上司にばれたら、次は自分が目をつけられる」などと言って、私の取材協力の依頼にも尻ごみする者ばかりだった。

市は肝心な情報を黒塗りで公開

明さんが乗務していたバスで、本当に転倒事故が起きたのか。

明さんの公務災害死を審査するうえで、最も重要と思われる事故の事実関係の確認ができていなかった。水野弁護士も私も、車内で転倒したとされる女性とその女性を介助したという男性を見つけだし、直接話を聞かなくてはならないと考えていたのだが、その手がかりがまったくなかった。

そこで、勇さんと水野弁護士は、地方公務員災害補償基金名古屋市支部に対して、情報公開を求めることにした。しかし、予想していたことではあるが、結果は散々なものだった。公開された資料の最も重要な部分は黒く塗りつぶされていて、読むことができなかった。案の定、転倒したとされる女性の名前や住所も、また介助したという男性の名前や住所も黒塗りされていて判読できなかった。いくら抗議をしても、市の担当職員は個人情報の保護を盾に公開を拒み続けた。

水野弁護士「黒塗りされているが、黒塗りが正当なのか、不服申し立てしますよ。」
職員「不服申し立てといいますと？　黒塗りをしていない状態でお見せすると、当然ですが個人情報が保護できない。黒塗りにするしか手段がないです。見せるということは、個人情報が保護できないということなのです。」

担当職員の木を鼻でくくったような対応に、勇さんは思わず声を荒げた。

勇さん「こっちは、息子が亡くなっているのですよ。被害者の知る権利を考えて欲しい。」

勇さんがいくら抗議しても職員は態度を変えようとはしない。

職員「どなたのケースだから、ということは関係ありません。」
勇さん「息子は、亡くなっているのですよ。」
水野弁護士「転倒した女性だって、本当の当事者かどうかわからないのですよ。というのも、転倒したと主張する女性の話は、二転、三転しているのですよ。肝心のバスに乗車した時間だって、初めの証言から変わってしまっている。女性を助けた、という男性の調書だってあるはずです。名古屋市交通局の調査では、病院で男性から話を聞いたとされている。私たちにも直接、転倒したと主張する女性と助けたという男性から話を聞く権利があるはずだ。誰だかわからないと、話を聞くことができない。それくらいのことは、わかるでしょう。」

水野弁護士は怒りを抑え、つとめて冷静に問いかけた。

水野弁護士「この転倒事故の調書は市のでっち上げ、ということもあるのですよ。この事故で山田さんが疑われたのは、じつは三人目だったのですよ。その前に二人の運転手が疑われたのですけど、その運転手たちがどのように答えて疑いが晴れたのか、そして、どうして最後には、事故を起こした運転手は、山田さんだと断定したのかを私たちは知りたいのですよ。あなたは、市の調査が正しいと言えますか。」

職員「私どもは、提出された資料が正しいのか、正しくないのかを調査する立場にありません。あくまでも提出された内容を検討するのが職務です。」

水野弁護士「市が言っていることが真実なのか、わからないじゃないですか。真実はまったく違うかもしれない。この事案は、山田さんに事故をなすりつけたという危険性が、十分にあるのですよ。」
職員「私には、あなたが仰っている意味が、よくわかりません。」
水野弁護士「市の調査を鵜呑みにするのではなく、相手が言っていることの裏づけをきちんと取って欲しいと言っているのですよ。」
勇さん「私たちはただ事実が、知りたいのです。納得いかないことがたくさんあるのです。事実はひとつしかないはずです。遺族としては、なんのために市が、女性と示談したのか、しかも、所長のポケットマネーでですよ。しかも、息子が死んだあくる日ですよ。まったく納得いきません。」
水野弁護士「住所が公表できないなら、せめて転倒した女性や介助したという男性が実在するのか調べて欲しい。」
職員「私どもとしましては、示談書に相手方の署名がある。その人が、実在することは、大前提だと考えています。」
水野弁護士「基金支部として、調査を尽くして欲しい。市の主張を鵜呑みにせず、独自に調査して欲しいと申し上げているのです。」

結局、基金支部の担当職員との話し合いは平行線のまま堂々巡りの繰り返しで、バスの車内で転倒したとされる女性とそれを助けたとされる男性のことは何も明らかにされなかった。

困難を極めた調査にほの明かりが

独自に調査する手立てがないまま一年あまりが過ぎた。そんなある日のことである、水野弁護士から私に女性と男性の名前と住所がようやくわかった、と連絡が入った。事態が大きく動き出す気配が感じられた。

明さんの職場の同僚たちは相変わらずまったく協力してくれないなかで、水野弁護士がどのようにして事故の当事者を探り出したのか、ここでその仔細を記すことはできないが、私はさすがだと感心した。

二〇〇九年九月一六日、水野弁護士は共に明さんの公務災害死の認定に取り組んでいるメンバーのひとり西川研一弁護士を伴って、女性を介助したとされる男性の自宅に向かった。私も同道した。男性の自宅は、二人が病院に行くために降りたとされる藤成通五丁目のバス停からみると、金山バスターミナルや滝子とは反対方向だった。

市側の調査では、男性は「乗車したのは金山バスターミナルを午前一〇時二三分に出発するバスです。私は、毎日この時刻のバスを利用して、この病院に通っているので間違いない。そのバスできょうもこの時間に来ている」と答えている。この証言の通りだとすれば、男性はわざわざ自宅から遠く離れた金山ターミナルまで出かけ、毎日同じ時刻に金山ターミナルからバスに乗って病院に通っていたことになる。そんなことがあろうか？　水野弁護士は男性の証言の信ぴょう性を疑わざるをえなかった。

男性の自宅は閑静な住宅街にある一戸建てだった。玄関のインターホンを押すと「どちらさまですか？」と女性の声が返ってきた。「夜分に申しわけありません。弁護士の水野といいます。〇さんに以前に起きたバスの事故についてお聞きしたいことがあり、お伺いしました」と挨拶すると、「少しお待ちください」という声とともに家の中で「おとうさん」と呼ぶ声が聞こえ、玄関先には八〇歳を過ぎていると思われる高齢の男性が現れた。

水野弁護士「夜分に突然、申しわけありません。二〇〇七年にバス車内で女性が倒れたのを〇さんが、介抱されたというのですが、覚えはありますか。」

男性「病院で一緒になる人だわ。バスの中で立っていたので、ちょうど『席を変わりましょうか？』と言って、女性が『いいです』と断ったときに運転手のハンドル操作でバスが揺れて女性が、後ろに倒れたのです。」

バス車内での転倒事故は確かに起きていた。水野弁護士が続けて尋ねた。
水野弁護士「転倒事故が起きたと特定されたバスの運転手は、自分に身に覚えがないと答えたのですが、『おまえのバスだろう』と上司に厳しく問われ、しかたなく警察に出頭し、翌日に焼身自殺したのです。」
男性「それは、気の毒なことだったな……」
水野弁護士「女性が転倒されたときは、どのような状況だったか覚えておられますか。」
男性「女性が立っていて、いつも病院で会う人なので『どうも』っていう感じで挨拶したのです。そのとき荷物を持っていたので、『席変わりましょうかって』言ったらバスの運転手がコン、コン、コンって感じで荒い運転をしたので、その拍子に女性が倒れたのです。」
西川弁護士「おじいさんは、いつも病院に行くときには、何時のバスに乗るのですか?」
男性「私は、だいたい……、(午後)四時か五時に乗るって、市役所の人に話したけどな。そしたら、市役所の人は『そうですか』と言っていたけどな……」
水野弁護士と西川弁護士は耳を疑った。市の調査と男性の話とは乗車時間がまるで違うではないか。質問を続けた。

西川弁護士「バスで転倒事故があったのは午前中じゃないのですか？」
男性「違いますよ。バスはいつも午後に乗ります。午前中ってことはないな。夕方前だね。だいたい（午後）四時頃。そうだと思う。」
このやり取りを聞いていたのか、男性の娘だろうか女性の声で「午前じゃないでしょ。病院に行くのは午後でしょ」と言うのが奥から聞こえた。
西川弁護士「おじいさんが病院に行くのはいつも午後ですか？」
男性「私が？　はい。」
水野弁護士「女性がバスに乗った時間は二転、三転してはっきりしないのです。午前中に乗ったと市の調査では証言したことになっているのですが。」
男性「午前中……ですか？」
水野弁護士「倒れたおばあさんが、バスに乗った時間が、市の調査に対する説明では変遷しているのですけど、バスの運転手は、上司からあなたが運転していたのでしょう、と決めつけられて結局、警察に出頭したのです。当事者とされた運転手は記憶にないと話したそうですけどね……」

男性「その運転手さんは死んだの？」
水野弁護士「女性の名前はご存知ですか？」
男性「ど忘れしたな……」
水野弁護士「女性がどこに住んでいるかもわかりませんか？」
男性「あの人の名前、忘れてしまったな……」
水野弁護士「年齢はいくつくらいですか？」
男性「いくつくらいかな……、わからんな……、名前がわかればよいが……」

男性から話が聞けたのは大きな収穫だった。男性の話から、女性が乗ったバスは金山ターミナル午前一〇時二三分発だと特定した市の調査は、つじつまを合わせるためのねつ造を疑うに十分な根拠が得られたといえる。しかも、男性はいつも午後病院に通っており、そのことは市の職員にも伝えた、とはっきり証言している。市の調査が、いかに杜撰で恣意的なものだったかが徐々に見えてきた。これが、市が事故の当事者を明らかにできなかった理由だったのではないか。水野弁護士が当事者に関する情報を手に入れることができなければ、真相は闇に掻き消されていただろう。山田さん夫妻はもちろんだが、水野弁護士の怒りはいかほどであったことか。

支援する会の結成

山田明さんの公務災害死の認定を求める活動を支援する会が結成され、二〇〇九年九月三〇日に初めての集会が名古屋市内で開かれた。会場には五〇人近くが集まった。

冒頭、水野弁護士から明さんが焼身自殺にいたった経緯、上司に対して転倒事故には関わっていないとメールを送っていたこと、名古屋市交通局の調査がいかに杜撰で恣意的なものだったかが徐々に明らかになってきたことなど、これまでの地道な調査の成果が報告された。

しかし、この会にも明さんの職場の同僚は誰ひとり参加してはくれなかった。ある同僚は、「たとえ心の中では、職場をよくしたい、山田さんが焼身自殺した真相を明らかにしたいという思いがあっても、自由に発言できない、支援したくても職場ではお互いに監視しているようで息苦しい……。山田さんの出来事は職場で話題にもしづらい」と私にその心の内を語っている。

名古屋市交通局野並営業所の職場は、完全に萎縮しているように見えた。職場では、明さんの焼身自殺は、まるで〝なかったこと〟のように扱われていた。それが当時の名古屋市交通局の職場の実態だった。

一九八〇年代以降、日本の労働現場では労使協調路線が強まり、労働組合の弱体化が顕著になった。加えてグローバル化の進展は雇用環境の悪化をもたらした。とりわけ非正規労働者の増加に比例して正規労働者への締めつけも強まり、労働現場には疑心暗鬼が生じ、相互監視の傾向が強まっているといわれる。上司に楯突くような言動は影を潜め、ただ上を気にしながら仕事をする労働者が増えたとの指摘もある。名古屋市交通局の労働者は公務員だが、こうした日本の労働環境の変化に対して、例外ではなかったといえる。

集会の終わりに山田さん夫妻が支援者に挨拶した。

勇さんは参加者に深々と頭を下げて、「忌まわしい日から二年あまりが過ぎました。病院で見た息子の姿が、目に焼きついて離れません。生涯、忘れることはないでしょう。熱かっただろう、悔しかっただろう、助けてやれなかったことを悔やんでいます。このたび、支援する会が結成されました。面識のない私たちのために集まってくださり、心から感謝いたします。ありがとうございます。私たちは、ただただ、事実を知りたいのです。息子の死を無駄にしてはいけないのです。これからもお世話になります。よろしくお願いします」と挨拶した。

続いて雅子さんは、「乗り物の好きな息子でした。遠いところに行ってしまいました。みなさまの支援を受け、感謝しています。真実を明らかにしたいと願っています。ご支援、よろしくお願いいたします」と用意してきた文章を読み上げた。

会場からは、大きな拍手が沸き起こった。これまで、数少ない人たちの協力で闘ってきたのだが、多くの協力者を得て、お二人は心強く感じたにちがいない。私は久しぶりに山田さん夫妻の笑顔を見た気がした。とてもよい雰囲気の発足式だった。

当時の営業所長を直撃

私たちの調査で、市側が断定した事故が起きたとされるバスの乗車時刻は疑わしいものだということが明確になった。私はこの事実をもとに、さらに関係者から話を聞き、女性を介助した男性の証言を確かなものにしたいと考えた。そこで当時、明さんの営業所の所長だったF氏の自宅を訪ねることにした。一一月四日のことだ。

夜討ち朝駆けは記者の取材の基本中の基本だが、民間会社の役員はそう簡単に会えるとはかぎらない。帰宅する時間はその日によって違っているのは当たり前で、深夜になることも多い。出張も日常茶飯事だ。だから空振りが多い。この点では、公務員は助かる。元営業所長の自宅前で午後五時頃から待っていると、六時過ぎに自家用車で帰ってきた。私は、自宅に入ろうとする元所長に声をかけた。

記者「Fさんですよね。」

元所長「そうですが……、なんですか。」

記者「山田明さんの焼身自殺の件を取材しているのですが、職場でイジメがあったという話を聞きました。事実ですか。」

元所長「私は、山田さんの件があったときに本庁でアンケート調査をして、イジメはなかった、という認識を得ています。アンケートは、本庁で客観的に行われましたので……。当然、私も調査の対象になり、聞き取りをされました。」
記者「そのアンケートで、パワハラがあったという回答があったようですが。」
元所長「それについては答えられないですね。内容については、本庁に聞いてくれ。」
記者「事故の報告書は、ご覧になっていますよね。」
元所長「事故の報告書は、ね。」
記者「私は、バス車内で転倒したとされる女性を助けた男性に会って話を聞いたのですが、事故の報告書に記載されているバスの乗車時刻と男性がバスに乗ったと私たちに証言した時間がくい違うのですが。」

事故の当事者に直接会って話を聞いたと告げると、元所長は驚いた表情を見せた。

元所長「あれは、私たちが一週間かけて調査したのです。転倒した女性を助けた男性を探すため病院に出向き、名前を聞いて実際に会って話を聞きました。バス車内の写真を見せて『これだ』と本人が話しましたし、時間も男性が言ったとおりに報告書に記載されています。」
記者「山田さんは『私は、転倒事故に関わっていない』と上司にメールで伝えていますよね。」
元所長「そうですが……、本人も覚えていないと思いますよ。事故から一週間も経っているのだからね。だけど、こういう転倒事故があった、とお客さんから苦情が来て『どうかね』と尋ねたら『私かも知れません』って言って警察にも出頭したのだから……。絶対に自分でないなら警察には出頭せずに、自分でない、と言い張れば済むはずですよ……」

記者「女性を助けたという男性が話してくれた乗車時刻が、市の報告書とは大きく違っている点はどうですか。」

元所長「それは……、私が、男性から聞いたわけではないので……」

元所長は戸惑いの表情を浮かべた。やはり乗車時刻については確たる自信がないのだろうか。

記者「あなたが示談金をポケットマネーで処理していますよね。」

元所長「それは結局、ケガをされた女性も一緒に警察に行って『運転手さんには迷惑をかけたくない』と言うので、バスの中でケガをしたわけですから、医者に行った費用は、なんらかの格好でお支払いはしなければならないだろうなと……。では、誰が費用を出すのか、女性の負担にはできないので、管理職として私が負担しようと、独断で決めました。」

記者「普通は保険金で支払うものですよね。」

元所長「そうですよ……」

記者「なぜポケットマネーを支払って示談にしたのですか。」
元所長「それに関してはノーコメントですね……」
記者「所長が、事故があったことを隠す意図があったのではないですか。」
元所長「それもノーコメントですね……」
記者「ポケットマネーで支払うのは、どう考えてもまずいですよね。」
元所長「いまから思えばまずかったと思います……」
記者「所長が、ポケットマネーで支払うと判断したのはなぜですか。」
元所長「相手の女性も運転手さんに迷惑をかけたくないと話していた。医者にかかった費用くらいは負担するのが、当たり前じゃないですか。」
記者「しかし結果として、山田さんは焼身自殺をされた。これに関してはどうお感じですか。」
元所長「私にはわかりません。結果的に責任があると言われれば、あれですけど……」
記者「部下が亡くなったことは、どう思いますか。」
元所長「残念です……としか言えません……」
記者「職場に問題はなかったのですか。」
元所長「なかったと思います。」
記者「山田さんは『自分は、転倒事故に関わっていない』と上司にメールをしているのですよ。」

元所長「そうそう……。ただ、私たちは、バスの中で本当にケガをしたのか、その人が嘘を言っているのか、ずっと調べました。それは時間をかけて調べて、本当にバスの中で事故は起きていなかったのならば、毅然と対処しないといけませんからね……。だけど、そんな証拠はどこからも出てこなかった。」

記者「調査自体が甘かったのではないですか。」

元所長「私は、うちのスタッフは、一生懸命やって、時間をかけて調べたと思っていますよ。」

記者「しかし、私もバス車内で転倒したという女性を介助した男性に会って話を聞きましたが、その内容は市の調査とはだいぶくい違っています。調査報告書は、まるで初めから山田さんのバスで事故が起きたのだと決めつけて、でっち上げたのではないのですか。」

元所長「最初は他の運転手の名前があがって、二、三人に聞き取り調査をしましたよ。最初から山田さんを疑っていたわけでないことは、報告書にも書いてあります。」

記者「みなさんが事故を否定したから、山田さんに話を持っていったのですよね。」

元所長「それは、バス車内の形状がわかる写真を持っていって、女性を助けた男性に確認してもらった結果です。ノンステップバスといっても形状は一つじゃないのです。なかの形状、扉の形、それぞれ違うのを写真で見て、特定してもらったのです。私たちがとった手続きには、間違いはないですよ。」

記者「失礼な言い方かも知れませんが、バスに詳しくない男性が、バス車内の形状を正確に覚えていますかね。」
元所長「それを言われたらね……」
記者「会って男性に話を聞くと、バス車内の形状は、まったく覚えていないと話していました。」
元所長「そうですか……」
記者「しかも男性は、バスには夕方に乗った、と話していました。」
元所長「うーん……。それは、私たちが調査したときは、午前中に乗ったと話されたので、いまその男性が、どう話しているのかについては、コメントできません。」
記者「重ねてお聞きしますが、バスで起きた転倒事故を山田さんに押しつけたのではないですか。」
元所長「押しつけたりはしていませんよ。『どうかね？』っていうことですよ。押しつけたりはしていませんよ……」
記者「しかし、山田さんは、事故を起こしたことを認めていないのに警察に出頭させられています。」
元所長「それは、そうですよ。本人に『どうかね？ 多分、覚えてないよね？』って、聞いたのですよ。だって、覚えていないと思いますよ。一週間も前の話だし、毎日、バスを運転して走っているのだから……」
記者「満員のバスの車内で乗客が転倒して、運転手は気づかないし、ほかの乗客も騒がない、というようなことが現実に起こりえますかね。」
元所長「……」
記者「きっと山田さんは、半ば諦めて、渋々、承諾したのでしょうね。」
元所長「そうですね……」
記者「山田さんは、所長にも事故のことを認めてなかったのではないですか。」
元所長「初めからどのバスか、とか、乗車時刻に間違いないということならば特定もしやすいのですが、女性が『だいたいこれくらいの時間』という言い方だから、その時刻の前後のバスの運転手全員を調べて、バスの形状も調べて、助けたという男性に話を聞いて、可能なかぎりの調査をしたうえで、山田さんに『どうかね？』と聞いたわけですから。私たちは、断じて初めから山田さんに押しつけたりはしてはいません。」
記者「本人は、苦しかったのではないですか。」
元所長「それは、あの……、なんとも……、私たちは、押しつけては……、当時のスタッフたちも山田さんに責任を押しつけたりはしていないと思いますよ。」
記者「上司にはメールを送って、否定していますよね。」

元所長「……」
記者「山田さんは、事故の責任を明確に認めたのですか。」
元所長「認めたというか……、『まあ……、そういうことでしたら……』ということですよ。」
記者「渋々、諦めて認めたということですか。」
元所長「そこまでは……、本人の気持ちは、わからないです……」

会って話を聞いたかぎりでは、元所長のF氏は実直で真面目な公務員というタイプだった。定年後、関連団体に天下りしているのをみても、敵を作らないタイプなのだろう。「事なかれ主義」で通した公務員生活だったにちがいない。話していても隠し事をしたり、嘘をついたりするのは苦手、という印象を受けた。明さんの件でも自信のない点や、確信が持てない点になると、極端に言葉に力がなくなり、うつむいて話をするのが癖のようだった。きっとよい上司で部下からも慕われていたにちがいない。

だからこそ事実を明らかにして、根本的な問題解決を図るという精神的にはかなり負担となる努力は、できるだけ避けて通りたかったのだろう。周りの流れに任せて、問題の成り行きを見守る。ポケットマネーを叩いても、事を穏便に済ませたかったのだろう。明さんの事件は、この事なかれ主義が招いた悲劇だったのかも知れない。元所長の話を聞いていて、私にはそんなふうにも思えた。

事故の当事者に会う

肝心のバスの車内で転倒したとされる当事者の女性に会って話を聞かなくてはならなかったのだが、これがなかなか実現しなかった。水野弁護士と西川弁護士が自宅を何度訪ねても、いつも不在で会えなかったのだ。

その頃、明さんの事件を取材していた私たちは、時間が空くと決まって女性の自宅を訪ねるようにしていたが、いつも留守で、私たちも会うことができなかった。

二〇〇九年一一月九日もいつものように訪ねてはみたが、やはり留守だった。

「次の取材まではもう少し時間があるから、待ってみようよ」

「帰ってくるかもしれない」

などと話しながら一時間ほどだろうか、私たちは自宅の前でひたすら待っていた。すると、前方からゆっくり歩いてくる高齢の女性の姿が目に入った。女性は私たちの方に近づいてくる。

「もしかして？」と思う間もなくその女性が私たちの待つ家の敷地に入ったのだ。家に入る前に声をかけて話を聞かなくてはと少し焦った。

記者「Sさんですよね。」

女性「なにか？」

このまま話を聞かなくてはならない。聞きたいことは山ほどあった。

記者「二年前、市バスの中で転倒された件を取材しているのですが。」
女性「二年前?」
記者「そうです。二年前、滝子からバスに乗られて藤成通五丁目のバス停で降りて、毎日通われている病院に向かう途中、桜山東のバス停を出た直後にバスの中で転倒されたと。」
女性「そういうことが、あったかね……」

うつむき加減の女性は、小さな声でそう答えた。とぼけているのだろうか?

記者「事故のあったバス車内の型とかをしっかり覚えていらして、市の職員の方にお話されていますよね。」
女性「そうですか? 話したかどうか、私は覚えていないです……」
記者「覚えてないですか?」
女性「ええ……」

記者「そのバスを運転していた男性は、自分のバスで事故は起きていないと言ったのですが、警察に連れて行かれて、次の日に焼身自殺したのです。」

女性「そうですか……」

女性は少し迷惑そうに顔をしかめたが、話を打ち切り、家に入ろうとはしなかった。相変わらずうつむき加減で、声も弱々しかった。

記者「あなたが、バスの中で転んだ時間は覚えていますか?」

女性「私が? 覚えてないですね……」

記者「市役所の人の調査には、最初午前一一時頃だと答えたそうですが。」

女性「覚えてないですね……」

記者「あなたを助けた男性が、いつも金山ターミナルを午前一〇時二三分発のバスに乗ると証言したので、バスの運転手が特定されたのです。ただ、その男性は、私たちの取材には、バスにはいつも夕方に乗る、と証言しているのです。だから、市の調査の信頼性が揺らいでいるのですが。」

女性「なんと言われても、私は覚えてないです……」

記者「バスには滝子から乗られたのですよね？」
女性「はっきり、覚えてないです……」
記者「たいへん重要なことです。もしかしたら起こしてもいない事故の責任を負わされて、運転手が亡くなったのかも知れないのですよ。」
女性「あなたは、私の責任だと言うのですか？」

女性の言葉に少し力が入ったような気がした。

記者「バスに乗った時刻は、何時ですか？ 誰にも記憶違いはあります。当然です。たいへん重要なことなのです。思い出してもらえませんか。」
女性「ご期待にはそえませんが、私全然覚えてないです……」
記者「あなたが午前中にバスに乗ったというのは、間違いないのですか？」
女性「二年前のことなので、覚えてないです……」
記者「滝子からバスに乗られたということですから、なにか滝子に用事があったのですか？」
女性「覚えていません。」
記者「市の調査では、あなたは運転手も転倒に気づかなかった、と証言したことになっています。

バスの中で乗客が転倒したとしたら運転手が気づかないことってあるでしょうか。」
女性「それは、気づかないこともあると思うよ……」
この問いには初めて反応した。そのことに私は少し違和感を覚えた。
記者「営業所の所長が、ポケットマネーで示談金を支払ったのですが、それは受け取りましたよね。」
女性「覚えていません……」
記者「示談金を受け取ったことは、市の記録にも残されていますよ。」
女性「はっきりとは、わからない……」
記者「バスで転んだことをなぜすぐに市の交通局に届け出なかったのですか。」
女性「覚えてないです……」
記者「運転手がひとり亡くなっているのです。私は、なんとかして真実を突き止めたいのです。ぜひ協力してもらえませんか。」
女性「もう勘弁してくれませんか。」
記者「事故があったバスに乗ったのは、午前一一時半頃ですか。」

女性「さあ、二年も前の話……」
記者「当時は、市の調査に対して、ちゃんと答えていましたよね。」
女性「二年も前の話を覚えてないのは、しかたがないでしょ。ただ、バスで転んだことだけは覚えているけど……」
記者「もう一度お伺いしますが、示談金をもらったことは覚えていますか。」
女性「さあ……、覚えていないですね……」
記者「市は渡したと言っていますよ。」
女性「そうですか……」
記者「本当に覚えていないですか。」
女性「覚えていませんねえ……」
記者「本当に覚えていないのですね。」
女性「はい、そうです。」
記者「示談書を交わしたことも。」
女性「はい、全然覚えていないです……」
記者「なにか話すと不利益になるようなことでもあるのですか。たとえば、つじつまが合わなくなるとか。」

女性「別に……、そんなことは思ってないですよ。ただ覚えてないだけです……」
記者「二年前のこととはいえ、バスで倒れて、市の調査も受けたことですよ。普通にある日常の出来事のようにすぐに忘れるような、何気ない出来事ではないと思うのですが。」
女性「はあ？　どういう意味ですか。」
記者「私はとても、特殊な、特別な出来事だったかと思うのです。それともいつもバスで転んだりされているのですか。」
女性「それはどういう意味ですか。」

このときばかりは少し顔を上げ、声にも力が感じられた。そして少し気色ばんだように思えた。

女性「もう、そろそろいいですか。」

小さな声でそう言うと、女性はそのまま家に入ってしまった。時間にして一五分くらいだっただろうか。結局、具体的なことは女性からなにも聞き出すことができなかった。脱力感に似た感じが私の全身を覆った。「覚えていない」の一点張りでなにも答えてくれないとは、私はまったく考えていなかった。話を聞けば、事故の状況が少しは明らかになるはずだと思っていただけに、落ち込んでしまった。私の聞き方がよくなかったのだろうか？　女性とのやり取りを反芻してみたが、思い当たることはなかった。私なりに精一杯誠実に尋ねたはずだ。

なぜ答えられないのか？　後味の悪さだけが残った。女性は事故の被害者なのだから、なにひとつ隠すことはないはずだ。むしろ、状況を詳しく説明してもよいではないか。事故を隠すなにか理由があるのだろうか。

水野弁護士にはすぐに報告した。「覚えていない」というばかりで、なにも答えてはくれなかったと話すと、言葉少なに「残念ですが、しかたないですね」という返事が返ってきた。

審査の結果は「公務外の災害」

それから数か月過ぎたが、事態が動く気配はなかった。取材も遅々として進まなかった。公務災害補償基金名古屋市支部からもなんの連絡もないまま、日だけが過ぎた。職場から協力者が出てくれないことには、私たちとしては次の手を打ちようがなかった。職場の締めつけが、私たちの前に大きな壁として立ちはだかっていた。

山田さん夫妻には、家で悶々とする日々だったろう。明さんが残した家で暮らしだしていたのだが、会話は途切れがちで、明るく笑うことも極端に減っていた。勇さんにとっては、夕方になるとテレビを見ながらひとり晩酌をするのが唯一の楽しみとなっていた。その傍らで、黙々と洗濯物にアイロンをかけている雅子さんの姿が、なんとも物悲しく感じられた。

二〇一一年一月五日、明さんが亡くなって三年半が過ぎたその日に、地方公務員災害補償基金名古屋市支部から、突然書類が送られてきた。勇さんが封筒を開けると、なかには通知書と書かれた書類が入っていた。

書類には「審査の結果、公務外の災害と認定した」と書かれていた。

「公務外……」

長いあいだ待ち続けた結果は、公務災害だとは認められない、という裁決結果だった。請求は棄却されたのである。勇さんは肩を落として大きなため息をついた。

「公務外」と結論づけた通知書の内容は、次のようなものだった。

まず、自殺の原因について、自殺認定基準では「異常な出来事、突発的な事態」とは、「医学経験則上、驚がく反応などの精神疾患を発症させる可能性のある異常な出来事、突発的な事態を言い、例えば精神疾患に起因する自殺の直前に発生した爆発物、薬物などによる犯罪または、大地震、暴風、豪雨、洪水、高潮、津波そのほかの異常な自然現象、もしくは、火災、爆発そのほか、これらに類する異常な状態」とされており、被災職員（山田明さん）の件では、これに該当する事実は確認されないことから、公務災害認定の要件に該当するとは認められない、との判断を下している。

さらに通知書には、次のような検討も加えたと記されていた。

「行政上、特に困難な事情が発生するなど、特別な状況下における職務により通常の日常の職務に比較して特に過重な職務を行うことを余儀なくされ、強度の肉体的過労精神的ストレスなどの重複または、重積によって生じる肉体的、精神的に過重な負担に起因して精神疾患を発症していたことが、医学経験則に照らして、明らかに認められるのか。」

ここで少し説明しておこう。これは請求者（山田勇さん）側が、二〇〇七年二月三日に受けた添乗指導、五月一六日に受けた苦情に関する指導、五月二八日に発生し、六月七日に申し出のあったバス車内での転倒事故に対する処理、これらのことで、いわゆるリフレッシュ研修（圧迫的な研修）に送り込まれるのではないかという恐怖心など、相次いで降りかかってきたトラブルが精神的な負担となっていた、と主張したことに対しての回答である。

二月三日の添乗指導について、これは営業所職員が出張の際に市バスを利用してその接遇状況をレポートしたもので、その日はたまたま営業所の職員が被災職員の運転するバスに乗り、調査票には「葬式の司会のようなしゃべりかたはやめるように」と書き、後日、それが本人に伝えられたものである。これについては、指導上の表現の問題であり、本人を誹謗中傷したとまではいえない。公共交通であっても、乗客に対するサービスの向上は必要不可欠なものであり、通常の指導の範囲内であると考えられる、と判断している。

なお、通知書には、このように「その日はたまたま営業所の職員が被災職員の運転するバスに乗り」とあるが、「営業所の職員」ではなく、実は「名古屋市交通局の自動車運転課長」の誤りで、しかもそれは「その日たまたま」でも「出張」でもなかったことが、のちの裁判で明らかになる。これが名古屋市支部の単なる誤解にもとづくミスであったのか、あるいは交通局および野並営業所による意図的な隠ぺいにもとづくものかは判然としない。ただ、請求者側には当時、その誤りを見抜く術はなかった。

五月一六日に受けた指導についても同様で、苦情が寄せられており、それに対する指導を行うのは上司の職責としては当然のことと考えられるとされた。さらに、これらの指導については「ほかの職員に対しても行っており、被災職員を特別扱いしたものではない」と断定している。

さらに、車内での転倒事故については、営業所が行った調査に理解を示し、事故発生の時間、バスの型式、路線などから、被災職員が該当者だと認定している。実際、被災者自身が、自分が運転するバスの車内で起きた事故であることを認め、事情聴取のため警察に出向いている。調査をした二名の助役によれば、被災職員は「私が運行する時間帯であれば、そうでしょう」と答えており、警察での事情聴取後には本人に「一回目の呼び出しの際には、これから関係者に電話することを告げ、二回目の呼び出しの際には、関係者と話ができたこと、示談がうまくいくかもしれない」と伝えている。したがって、叱責や恫喝があったとは認められない。警察での事情聴取についても、事件などの取り調べではなく、あくまでも事情聴取であるから、そのやり取りの内容が被災職員に精神疾患を発症するほど過酷なものであったとは考えられない。また、被災職員が精神疾患を発症するまでの期間に困難な事情が発生するなど、特別な状況下での職務により通常の日常職務に比較してとくに過重な職務を行うことを余儀なくされ、強度の肉体的疲労、精神的ストレスなどの重複または重積によって生じる肉体的精神的に過重な負担に起因して、本件精神疾患を発症したとは確認できない。したがって、本件自殺には公務との因果関係は認められないとして、公務外の災害だと結論づけている。

山田さん夫妻は、身内によるものなのだからと名古屋市支部による審査には初めから期待してはいなかった。しかし、あまりにも市側の主張に沿った、遺族の訴えに耳を貸そうともしない内容に怒りを抑えることができなかった。

そもそも自殺が業務に起因しているかどうかを判断するに際して、まず「精神疾患に起因する自殺の直前に発生した爆発物、薬物などによる犯罪または、大地震、暴風、豪雨、洪水、高潮、津波そのほかの異常な自然現象、もしくは、火災、爆発そのほか、これらに類する異常な状態」といったような極端な状況はなかったことが確認され、肝心の業務における強い精神的負荷については付加的に検討されて、あっさりなかったものとされている。これでは公務員の過労による自殺などが業務に起因したものと認められることはほとんどないだろう。

また、「葬式の司会のようなしゃべりかたはやめるように」と添乗指導票に書いたことは、単なる

「評価」であって、指導上の表現の問題であり、本人を誹謗中傷したとまではいえないというのだ。実は、明さんは、自分の声の出にくさを日頃から気にしていて、友人と相談してテープレコーダーに自分の声を録音して、乗客にどのように聞こえるのかをチェックしていたし、そのことは訴えにも記されているのだが、こうしたことには一切考慮が払われていない。むしろその指導は通常の指導の範囲内であると、評価さえしている。「葬式の司会のような……」という指摘を当人がどのような気持ちで受け止めたのか、「上申書」や「進退願」を書くまで思い詰めていたことなどはまったく考慮されていないのだ。

さらに、乗客からの苦情メールについても、なぜか明さんのバスでの出来事であることが前提にされている。これは、バス車内で起きた転倒事故についても言えることだ。そもそも事故は本当に起きていたかについては、なんら検証した形跡はみられない。さらに、叱責、恫喝があったとは認められないとか、警察での事情聴取は事件などの取り調べではなく、あくまでも事情聴取であるから、警察署でのやり取りの内容が精神疾患を発症するほど過酷なものであったとは考えられないなどなど、すべて市側の証言を鵜呑みにしていて、山田さん夫妻の主張は一顧だにされていない。

「相手の言い分ばっかり聞いて、私たちの意見はまったく聞いてくれないんだから……。納得いきません。」

勇さんは顔を真っ赤にして憤っていた。

雅子さんは「嘘は許せません。私は、真実が知りたいのです。本当のことを話してほしい。そうしないと、明が浮かばれません」と母親らしい悔しさを滲ませていた。

それにしてもこのような一方的な結論を導き出すのになんと二年半もの時間を費やしたのは、一体なぜなのだろう。これでは単なる時間稼ぎだと批判されてもしかたがあるまい。遺族の多くが時間と費用、精神的な負担に耐えられないで、途中で諦めてしまうケースがあとを絶たないのだが、その理由が、明さんのケースでも浮き彫りになったといえる。

水野弁護士が見つけだした新たな決定的な証拠

山田さん夫妻は、水野弁護士や支援者の勧めで、公務災害補償基金名古屋市支部審査会に再審査の申し出をしたが、新しい証拠がなかなか見つからず、手詰まりの感は否めなかった。このままの状況では、支部審査会に再審査請求をしたところで、結果がひっくり返る可能性はほとんどなかった。山田さん夫妻にも、支援者のあいだにも、焦りが日に日に募っていた。

だが、奇跡とも言える事態が起きたのだ。再審査を申請して、二か月が過ぎたある日、水野弁護士から勇さんに電話が入った。

「詳しくは会って話します」

珍しく興奮した様子の水野弁護士は、勇さんに「とにかく、とても重要なことがわかったのです」

と繰り返すだけだった。

数日後、勇さんは、水野弁護士の事務所で一枚の資料を見せられた。資料には「乗客調査表」と書かれていた。

「乗客調査表」には、バスに乗った客と降りた客の数を乗降口に取り付けられたセンサーでカウントした数字が記録されている。徴収した料金との違いがないかなどを確認するのに使うためのものだ。

水野弁護士は、この資料を情報公開請求で手に入れていたのだが、その内容を細かく調べることはこれまでなかった。すでに目は通していたが、そのときはバスの乗降客数をみて「意外とさほど多くの人数がバスには乗っていなかったようだな」と思った程度だったという。たしかに転倒した女性が乗車したという滝子では、二人乗車したと記録されているし、女性とその女性を介助した男性が降りたという藤成通五丁目では、同じく二人の乗客がバスを降りたと記録されていた。つまり「乗客調査表」は、女性や男性の話とつじつまが合っていることになる。だが、水野弁護士が何気なく乗降客数を見ていて、驚くべき事実に気がついたのだ。

転倒事故が明さんが乗務していたバスでは起きていないことを証明する決定的な新しい事実は、次のようにして明らかになった。

名古屋市交通局が作成した「乗客調査表」によれば、事故があったとされる二〇〇七年五月二八日(月曜日)、明さんが運転するバスは、金山ターミナルを一〇時二三分に発車したと記録されている。

このとき、乗客数は一九人。次の停留所は沢上町、発車して一分後の一〇時二四分に到着している。ここでは乗り降りする客は一人もいなかった。だからこの時点で車内には一九人が乗っていたことになる。三つ目のバス停は池内町、一〇時二九分に到着している。ここでは三人が乗車し、降りた乗客はいない。車内の乗客は二二人だ。四つ目のバス停は高辻、一〇時三二分着。ここでは二人が乗って、二人が降りている。車内の乗客は二二人のままだ。次のバス停は滝子通三丁目、一〇時三四分に到着している。ここでは二人乗って、四人降りたと記録されている。乗客は二〇人。次のバス停は、女性が乗車したとされている滝子だ。一〇時三六分に到着している。ここでは二人乗って一二人が下車している。したがって、女性がバスに乗ったときには一〇人乗っていたことになる。市側の調査では、女性はこの時間のバスに滝子から乗車したと証言しており、それが明さんの乗務していたバスの「乗客調査表」と合致したことが、ひとつの根拠とされている。しかし、考えてみるとこの時点の乗客はたった一〇人なのだ。不思議に思わなかったのだろうか。

明さんが運転していたバスの座席数は三一である。女性は市側の調査に対し、「女子学生が多く乗っていて座れず、両手に荷物を持って立っていた」と証言している。女性を助けたとされる男性も、水野弁護士に「女性が立っていて、いつも病院で会う人なので『どうも』っていう感じで、挨拶したのです。そのとき荷物を持っていたので、『席変わりましょうかって』言ったらバスの運転手がコン、コン、コンって感じで荒い運転をしたので、その拍子に女性が倒れたのです」と答えている。市側の調査と水野弁護士が男性から聞き取った内容を照らし合わせてみても、バスには多くの客が乗っていて座れない客がいる状態だったことは明らかだ。しかし、市が作成した「乗客調査表」では、車内にはたった一〇人しか乗っていなかったことになる。明さんが運転していたバスは混んではいなかったのだ。

しかし、もっと重要な事実が記録されていた。

次のバス停は広見町だ。一〇時三七分に着いている。ここから乗る客はおらず、一人降りている。乗客は九人である。

想像してみよう。仮にこのバスに女性が乗っていたとすると二〇以上も空席があるにもかかわらず座らずに、両手に荷物を持って立ち続けていたことになる。常識的に考えれば、ありえない話だ。

次は桜山西の停留所で、ここには一〇時三九分に着ている。乗る客はおらず、七人降りている。車内には二人だけ、「乗客調査表」によるとそういうことになる。二人が本当にこのバスに乗っていたとすると、車内には転倒したとされる女性とその女性を助けた男性だけだったことになる。

センサーのカウントミスもありうるから、多少の違いはあっても、混雑していたので立っていたという二人の証言とはあまりに違う。

次の停留所が問題の桜山東だ。一〇時四一分に着いている。このバス停を出発した直後に、運転手が荒っぽい運転をしたために女性が転倒したとされている。「乗客調査表」の記録を見てみよう。桜山東からは二人乗って、二人降りている。乗客は二人だけである。

この数字こそ、明さんが乗務していたバスでは転倒事故は起きていなかったことを示す決定的な事実ではないか。記録を素直に解釈すると次のようになる。

乗客は転倒したとされる女性とその女性を助けたという男性の二人だけ。席が空いているにもかかわらず、なぜか女性は両手に荷物を持って立っていた。男性は座っていた。この状態で明さんが運転していたバスは桜山東に着ている。記録は、そこでは二人降り、同じく二人が乗ったとされている。つまり乗客が入れ替わっているのである。

もうおわかりであろう。これでは、どう考えても明さんが運転するバスが桜山東を出発した直後に揺れて、滝子から乗車した女性客が転倒することなどありえない話なのだ。

市が作成した資料から、図らずも市側の調査が杜撰で、誤りがあることが明白になったといえる。ちなみにこの「乗客調査表」によると、女性がバスを降りたと主張する藤成通五丁目では二人降りたことになっている。市側はこれを根拠に、女性と男性は明さんのバスに乗車していたと結論づけているのだ。市側はバスの乗降客の数を綿密に調べることを、おそらくは怠ったのだろう。

「これは、一体どういうことですか」

勇さんは、水野弁護士の説明を聞いて、めずらしく声を荒げた。

「市の調査が杜撰で、明さんのバスで事故が起きていないことを示しているのですよ。やはり事故は明さんになすりつけられたえん罪だったのですよ。」

いつも冷静な水野弁護士の表情が、このときばかりは珍しく気色ばんでいた。

さらに「乗客調査表」によると、バスは時刻通り運行されていて、渋滞に巻き込まれ遅延した様子はまったくない。明さんが運転していたバスの路線は、ほぼ直線道路を走るコースで、交差点を曲がるのは、始点から終点までわずか三回だけである。そのような路線で、渋滞もなく時間通りに運行されていたのであるから、時間に急かされて、ことさら無理な発進、停車をする必要など到底考えられない。乗客が転倒するほど荒い運転をする蓋然性はきわめて低い。

新たな事実を市の交通局に突きつける

勇さんと水野弁護士は話し合い、名古屋市交通局に「乗客調査表」で明らかになった新しい事実にもとづいて、明さんの焼身自殺は、実は身に覚えのない事故の責任を一方的に押しつけられた、パワハラに対する抗議だったことを認めるよう迫った。

二〇一一年三月四日、山田さん夫妻と水野弁護士、そして支援する会のメンバー六名が名古屋市役所を訪れ、交通局の職員と向かい合った。名古屋市交通局は、総務部労務課の課長が応対した。

まず水野弁護士が口火を切った。

水野弁護士「野並営業所の助役は、山田氏を被疑者として昭和警察署に出頭させ、取り調べを受けさせている。山田氏は、身に覚えのない転倒事故の責任を負わされたことによるストレスが原因で急性ストレス反応を発症し、自殺したものです。
　ついては、名古屋市交通局長に対し、次の通り申し入れます。転倒者が乗車していたバスの運転手が、山田氏であるとする事実認定の誤りを認め、名古屋市の公務災害補償基金支部長にその旨、文書で通知すること。そして、山田氏の遺族に謝罪するとともに、山田氏の名誉を回復すること。また、山田氏の自殺が公務に起因することを認め、基金支部長に意見書を提出すること。」
労務課長「そういわれましても……」
支援者A「まず遺族に謝りなさいよ。すでに内容はお伝えしてあるでしょう。いままで何も検討してこなかったのですか。」
労務課長「いいえ、いいえ……」
勇さん「じゃあ、すぐ結論が出るでしょう。どうするのか。」
支援者A「遺族に謝りなさいよ。」
労務課長「お客様が転倒したバスを特定するには、お客様と知人の証言に加えて、いま言ったような、データとか聞き取り調査の結果などを総合的に判断しました。その判断に誤りはないと考えております。しかしながら、いま申し入れていただいた内容を……」

支援者B「データでは、山田さんのバスで事故が起きていないのは明らかじゃないですか。誰がどう見たって、わかる話でしょう。なんで山田さんが運転したバスで転倒事故は起きていなかった、と認められないのですか。」

労務課長「いまこのデータについて、具体的な話は、審査への影響が考えられますので、コメントは、差し控えさせていただきます。」

話の推移を見守っていた水野弁護士が、痺れを切らして話しだした。

水野弁護士「これは、一目瞭然ですよ。転倒したという本人は、滝子で乗って、乗降の推移を見ていくと、山田さんのバスで事故が起きていないことは、明白ですよ。女性がバスの中で転倒したことは、間違いないかも知れませんが、でも山田さんのバスではないことは『乗客調査表』から明白ですよ。」

支援者C「他に認められないような理由があるのですか。」

労務課長「さきほども言いましたように、データも転倒事故を起こしたバスを特定するひとつの手段ですが、関係者の証言だとか、全体的に判断して事故を起こしたバスを特定していますので……」

支援者C「データは、明確に山田さんが運転したバスではないと示している。このことに絞って、いま話をしています。このデータは、名古屋市が出したデータではないのですか。」

労務課長「一緒のデータです……」

支援者C「そこが、議論のスタートですよ。であるとすると、データから読み取れるのは、転倒事故を起こした女性は、桜山東のバス停を出たときには、バスに乗っていないということです。それまでバスに乗っていた人が、桜山東のバス停に到着する直前では二人になっていた。その二人が桜山東のバス停で降りたことになっている、桜山東でです。そうじゃないですか。データを見れば誰だってわかることですよ。」

労務課長「たしかにデータを見るとその通りです。それはそうですが、組織としてはそれに関して具体的にどうだ、こうだ、と具体的なコメントはできません。公務災害の認定審査への影響を考えコメントは、できません。」

まるで暖簾に腕押し、支援者たちからため息が漏れた。

支援者C「これは、足し算、引き算ができればわかる話ですよ。」

水野弁護士「滝子のバス停で乗った人は、桜山東のバス停までに降りているのですよ。このデータを見ればわかるでしょう。わからないのですか。」
労務課長「ですから……」
水野弁護士「どうですか。転倒事故が起きていたのかどうかは置いといて、データからは、桜山東のバス停でそれまで乗っていた人たちは全員が降りたことは確認ができるのではないですか。それとも、データの内容について争うつもりですか。その点を聞かせてくださいよ。」
労務課長「いままでも申し上げていますように、データもひとつの参考資料でありまして……」
支援者C「参考資料が、市バス運転手の特定の仕方が間違っている、山田さんじゃないと言っているのではないですか。」
水野弁護士「参考資料って、なんですか。最大の証拠ですよ。最大の証拠。転倒したという女性は、バスの乗車時刻が、当初の時間と変わっているし、交通局の調査で、最初に疑われた運転手は『乗客調査表』では、滝子から女性が乗ったと話した一一時三〇分のバスには、乗車した人が記録されていないから調査の対象から外したんでしょう。」
支援者から一斉に「そうだ！」と声が上がった。

水野弁護士「だったら、山田さんだって、調査の対象から外されるはずでしょう。それでも、山田さんのバスで転倒事故は起きたとしたのは重大な誤りですよ。」

課長は、何も答えなかった。何かうまい答え方はないのかと懸命に言葉を探しているのだろうか。心持ち落ち着きを失ったようにみえた。

水野弁護士がさらに追及した。

水野弁護士「データだけで、どの運転手のバスで転倒事故が起きたか決めていない、というけれど、あなたたちは、データだけで山田さんのバスで転倒事故が起きた、と特定しているじゃないですか。だから、このデータは、山田さんのバスで転倒事故は起きていないことを証明する最大の証拠ですよ。」

労務課長「データもひとつの証拠として……」

水野弁護士「そこまで言うのなら『乗客調査表』以外の客観的証拠があって山田さんのバスで転倒事故が起きた、という結果になったと言うなら、その証拠を出しなさい。」

労務課長「それは……、バス車内の状況について、女性を助けた男性が覚えていたことや、ほかのバスの乗務員の聞き取りなどを総合的に判断して、山田さんのバスで転倒事故は起きたのだろう、という結論にいたりました。」
支援者Ｂ「『乗客調査表』をみれば、山田さんのバスで転倒事故は、起きていないということは、
わかるのではないのですか。それだけは教えてください。」
労務課長「データは、ひとつの資料にすぎませんので……」
支援者Ｂ「『乗客調査表』を見ていくと、どう考えても滝子から乗った人は、事故が起きた桜山東
のバス停を出発した時点では、バスに乗っていないのだから、山田さんのバスでは、転倒事故
は、起こりっこないのじゃないの。」
労務課長「これもひとつの……」
水野弁護士「山田さんのバスで転倒事故が起きたという認定と『乗客調査表』のデータとは完全
に矛盾するでしょう。ということは、これを証拠のひとつにしたというのならば、山田さんの
バスで転倒事故が起きた、というのは、矛盾するのではないですか。」
労務課長「滝子のバス停からは、二人が乗っていることは、データからわかります。データの見
方もいろいろとあるので……」
水野弁護士「いろいろな見方があるって……、どんな見方があるのですか。滝子で乗った人が、
転倒事故が起きた桜山東のバス停までに降りたことは争う余地はないですよね。」
支援者Ａ「『乗客調査表』についてどのような解釈をしているのですか。」

水野弁護士「『乗客調査表』を見るかぎり、滝子のバス停で乗った人が、桜山東まで降りたことは、断定できるのではないですか。」

話し合いの行方を見守っていた勇さんが、課長のあいまいな対応にさすがに我慢できなくなったのだろう、思わず声を荒げて話し出した。顔は赤く高潮していた。

勇さん「どうなっているのですか。そんなことも認めてもらえないのですか。」
労務課長「それにつきましては……」
水野弁護士「あなただって、おかしいと思っているのでしょう。」
勇さん「これを認めてくれないのなら、交通局はなにひとつ変わりませんよ。また、明のような被害者が出ますよ。」
労務課長「総合的に判断して……」
水野弁護士「山田さんのバスに転倒したという女性が乗っていたという証拠は、その女性の証言と助けたという男性の証言、そして『乗客調査表』だけですよね。女性の証言だけでは、山田さんのバスで転倒したということは、断定できていないでしょう。いったい何時にバスに乗ったのかは、助けとされる男性は、私たちの調査に対して『いつも夕方にバスに乗る』と証言している。結局、市は『乗客調査表』で転倒事故を起こしたバスを特定した、となると肝心の『乗客調査表』は、山田さんのバスではないと読み取れることは、明白でしょう。」
労務課長「……」
水野弁護士「女性が、バスの中で転倒したという大前提は信用するとしても、山田さんのバスで転倒事故は起きていないというのは、明白じゃないですか。」
労務課長「それについては、コメントできません……」
支援者B「コメントできないって……」

支援者の中には、堂々巡りが続く話し合いに、あきれたとばかりに苦笑する者もいた。
労務課長「一度、上司と相談して、ご返事いたします……」
水野弁護士「損害賠償ものですよ、これは。名古屋市の対応の杜撰さが問われるケースですよ、これは確実に。」
労務課長「繰り返しになりますが、当時の判断は誤っていなかった、と考えています。改めて上司と相談しまして、ご返答いたします……」
水野弁護士「調査が間違っていなかったとどうして言えるんですか。これだけの事実があるのにまだわからない、って言えるのですか。」
労務課長「改めてご返事いたします……」

話し合いは二時間ほど続いたが、交通局の労務課長は自らの判断を示すことは一切なかった。「乗客調査表」から、明さんのバスで転倒事故は起きていないことは明白なのだが、立場ゆえであろう、苦しい釈明に終始する姿が、私の目から見ても痛々しかった。苦しい釈明に終始しながらも、必死になって組織を守ろうとしているのだろう。ただ審査への影響があるからの一点張りで、自分たちの誤りは認めようとはしなかった。

それにしても、遺族を直接前にして、課長の対応は誠実さにかけてはいまいか。山田さん夫妻がどんな気持ちでこの場に臨んだかを思いやる配慮は、微塵も感じられなかった。お二人は事態の進展に期待を寄せていたにちがいない。そんなことすら市の担当者には想像することができないのだろうか。いくら直接利害が対立する立場だとしても、同じ交通局の職場で起きた出来事だ。市側の判断を覆す発言はできないまでも、遺族に対する思いやりのある言葉のひとつくらいかけられたはずだ。山田さん夫妻の顔からは落胆し、疲れきった表情が見て取れた。

話し合いのあとで、勇さんは、「ひと言、ごめんなさいくらいはあると期待していた」と漏らしている。

息子を失った遺族には、その返答にほんのわずかでも労わりの気持ちが込められてさえいれば、それだけでずいぶんと心がやわらぐものだ。それが、逆に、遺族の訴えを端から拒絶しただけでなく、その気持ちを逆なでするような態度に、「これが、名古屋市交通局のやり方なのか」と勇さんの憤りと失望は想像するに難くなかった。

雅子さんは「本当のことが聞けなくて、残念でした」とうつむいて悔しさを堪えながら、「認めてくれるかな……と……、ほんの少しだけど……期待していたけど……」と言葉を詰まらせていた。

水野弁護士が決定的な証拠だと期待した「乗客調査表」だったが、市の担当者がこれを認めて、労災認定に協力してくれるという淡い期待は簡単に裏切られてしまった。

だが、市側が「乗客調査表」を綿密にチェックしていなかったことは確かだった。意外なところから市の調査のほころびが出てきたという意味では収穫があったといえる。闘いが確実に前進していることは間違いなかった。

次は、公務災害認定の再審査に際して、「乗客調査表」の証拠としての重要性を訴えていく必要があった。新しい証拠が一向に見つからない中で見いだされた「乗客調査表」が示す事実は、明さんのえん罪を晴らす有力な証拠と思われ、山田さん夫妻や支援者たちを大いに勇気づけた。

水野弁護士も、「この闘いは、きっと勝てる」と確信していた。私も同様だった。この証拠がある以上、公務災害を認めないわけにはいかないだろうと確信していた。

第四章　支部審査会の歪んだ実態

支部審査会の再審査が始まる

地方公務員災害補償基金には都道府県と政令指定都市に支部が置かれている。名古屋市支部もその一つである。山田さん夫妻と水野弁護士、支援者たちが市交通局に新しい証拠を突きつけたのは二〇一一年三月四日である。それから三か月後の六月二七日に、名古屋市支部の決定を不服として再審査を申し立てた名古屋市支部審査会の審理がようやく始まった。ここでは弁護士、労働者の代表、使用者側の代表の三人で審理が行われる。

審査会の冒頭、請求人の山田勇さんは次のように述べた。

「明は、高速道路の高架下で焼身自殺をし、翌日に病院で亡くなりました。幼いころから乗り物が大好きで、名古屋市交通局に採用されたときは、本当に喜んでいました。親として自慢の息子でした。ところが、添乗指導で『葬式の司会のようなしゃべりかたはやめるように』といった指導を受け、さらにバスの中で起きた転倒事故の運転手だと決めつけられ、警察に出頭させられました。上司に『関わりがない』と無実を訴えるメールを送り、翌日に焼身自殺したのです。息子の死は、上司の度重なるパワハラと、バス車内で起きた転倒事故の当事者であるとされたことに対する抗議の自殺だとしか考えられません。息子が勤めていた野並営業所に対して、私が何度も『息子の自殺の原因は知りませんか』と尋ねても、何も教えてはもらえませんでした。すべては、私に力を貸してくださっている人たちの協力によってわかったことばかりです。名古屋市交通局は、都合の悪いことを隠して、本当のことを教えようとはしてくれません。身に覚えのないことで、警察に無理やり出頭させられて、抗議の焼身自殺なのです。その無念さを考えるとかわいそうで、返す返す残念でなりません。一日も早く、真実に目を向けて名古屋市支部の『公務外』という判断を取り消し、息子の死は、職場に原因があったと認めてもらえることを願っています。」

三人の審査委員は、勇さんの話を静かに聞いていた。審査会の委員は、名古屋市が選んだメンバーだから、市側に有利な判断をする人たちだとも言える。しかし、勇さんは、真剣な表情で話を聞いてくれる審査会の委員に接して、わずかだが期待する気持ちになったという。もしかすると正義は通じるのではないか、と。

審査会を出た山田さん夫妻は、その足で明さんが焼身自殺した場所に手作りした祭壇に出かけ報告している。あの日から一度も花を絶やしたことのない場所だ。いつものように花を供える、お二人のそんなしぐさにも息子への思いが溢れていて、私は心打たれる思いがした。

勇さんは手を合わせながら、心の中で明さんに話しかけたという。

「みんなが協力してくれて、少しずつ真実がわかってきた。きっと職場の人たちも反省して、いつか、明が死んだ本当の理由がわかるはずだ。それまで、私たちのことを応援していてくれ。」

委員長の突然の辞任

地方公務員災害補償基金名古屋市支部審査会での再審査が始まって一年近くが過ぎた二〇一二年四月一七日、驚くべき出来事が起きた。支部審査会で審査委員長を務めていた弁護士が審査委員を辞任すると申し出たのだ。地方公務員災害補償基金名古屋市支部支部長、つまり名古屋市の河村たかし市長に宛てた辞任届けには、次のようなことが記されていた。

「公務外認定処分取消審査請求事件（審査請求人山田勇）において、名古屋市支部での処分を担当した職員（組織）が、支部審査会の事務局を担当し、平成二三年四月一日、名古屋市支部での処分担当係長（厚生係長）を審査会担当係長（安全衛生係長）へ配置転換し、審査請求理由書、反論書等に対して、えん罪やパワハラの存否は、審理の対象にならない旨を第一回審査会において事案説明し、事務局の係員のみが審査会へ出席し、鑑定決定後、約一年を経過して鑑定人不選出の状況等の名古屋市支部が決定した処分維持の考え方ないし体質があり、支部審査会の独立性及び公平性が保障されないので、審査会委員を辞任する。」

つまりこうだ。明さんの自殺は仕事とは関係ないと判断を下した市の担当者が、今度は審査会の事務局に人事異動になったうえにこの事案の担当となり、しかもあってはならないことに、第一回目の審査会で「えん罪やパワハラは、判断の材料にはしない」と説明したというのである。つまり、審理の核心とも言える部分は外して議論して欲しい、と審査会の委員に求めたのである。耳を疑いたくなるような話だが、これこそが公務員の労働災害を審査する公平・中立を建前とする組織の実態なのだ。

すでに指摘したように、名古屋市に勤めていた明さんの事案を審査するのは制度上、名古屋市の組織だ。組織のトップは名古屋市長が務めているのだから、組織の主張が受け容れやすく、公正・公平性を欠くきらいが制度自体に内在している。だから審査の公正・公平性については制度上、はなはだ疑問なのだ。そんな市の審査委員に選ばれる人たちである。地位や権力におもねる人ならば、おかしいと思っても目をつぶり、市側の都合に合わせた判断を下すこともあるだろう。もしそれが常態化していたとすれば、公務労働者たちの権利は守られようがない。それにしてもこの人事異動は恣意的で異常というほかはない。

幸いといえようか、公正・公平で権力におもねらない弁護士が、たまたま明さんの事案を担当する審査会の委員長に指名されたために、このような不正ともいえる行為が図らずとも表面化したのだ。結局のところ、地方公務員災害補償基金名古屋市支部は、自らその歪んだ内情をさらけ出す結果となったのである。

そもそも、災害補償基金に持ち込まれる事案は、民間の労働災害と同じく、かつては仕事上の事故やケガなど誰がみても仕事が原因の災害だと判断しやすい事案がそのほとんどだった。しかし、近年は、過労死や過労自殺、ハラスメントによる自殺など、これまで明確な基準がなく、その時々の社会の風潮や考え方で、判断が少なからず左右されるケースが増えてきている。しかもこうしたケースは、労使の利害に直接かかわる事案がそのほとんどを占めている。第三者が関わる民間企業の労働災害でさえも、その認定を得ることはたいへん難しいのが現状だ。公務員の場合は制度上、使用者側がその判断に大きく関与する制度になっているのだから、公正・公平性の担保はそれだけ難しい。

明さんのケースは、まさにその際たるものだったといえよう。なんと名古屋市支部の判断をそのまま引き継がせるために、市の担当者をわざわざ審査会に人事異動させ、議論の進行に影響を与えようとしたのだ。どうみても、支部の結論を覆したくない、という市側の強い意向が透けてみえる。あからさまな審議妨害である。

私は辞任した弁護士に話を聞くべく、取材を申し入れた。当人が取材を受けてくれるかどうか、実は半信半疑だった。辞任届の内容から、自分の信条に反することはできないという正義感の強い弁護士であることは確かだが、同時に、市の指名を受けた弁護士である。これまで公的な仕事も引き受けているにちがいない。どのような弁護活動をしてきたのかは定かでないが、公的な仕事なら報酬もそれなりによいはずだ。審査委員は辞めたとしても、今後のこともある。あまり波風は立てたくないと考えて断ってきてもおかしくはない。

ところが、そんな私の推測は見事に外れた。私の取材を快く受けてくれたのだ。

その弁護士の事務所は裁判所近くの雑居ビルにあった。なかに入ると事務所の女性が迎え入れてくれ、弁護士の部屋に通してくれた。当の弁護士は一見、いかにも無骨で、正義感に溢れた好人物という印象だった。

記者「辞任届けを出されるというのは、思い切った行動をされましたね。」

弁護士「辞任届けに書いたようなことがあって、審査会で公正で中立な審査ができないと言ったのです。これではだめだ、と何度も言ったのです。こんなことでは、審査委員を続けられないって何度も何度も……。でも一向に改善されないから、最後の三月何日だったかな、もう審査委員を辞める、って言ったのです。」

記者「審査会の事務局はなんと。」

弁護士「先生、辞めるのですかって、ちょっと待って欲しいと。申し立てた側、山田さんですよね。その人たちが、騒ぐかもしれないから困るって辞めさせようとしない。このままでは、辞めさせないのではと思って、口頭だけならだめだと思い、書面で正式に出そうと思ってさっそく、書面を書き始めたのです。それで、辞めました。」
記者「事務局は驚いたでしょうね。」
弁護士「審査委員が辞める、というのは相当ショックだったと思うよ。辞めるということは前例がありませんからね。ショックだったろうね。だけど、それがショック療法になって、きちんと山田さんの案件を審査してもらえれば、それでよいのかなと思いますよ。きっと、事務局の人たちも反省して、そういう効果が出るだろう、という考え方ですね。」
記者「山田さんの案件を審査していても名古屋市支部の結論を踏襲するように、という意向を強く感じたということですか。」
弁護士「そういうことじゃないですか。ウーン……、だから審査の進行上は、まず鑑定をする医師を選ばないといけない。それが第一段階でしょう。それなのに何度お願いしてもまったく選ぼうとしない。それどころか、いい加減な話だと思うのですが、鑑定する医師がいなくたって審査はできると言い出したのです。そんな案を出してきた。そんなの違法ですよ。」
記者「先生が、公正・中立に審査しようとするのを妨害しようと。」
弁護士「最高裁の判決では、事務局の人がですね、審査委員の意見に影響を及ぼすような発言とか、意見とか、資料とかを提供してはならない、となっているのです。ですから、それをやろうとするのだから、違法ですよ。名古屋市支部審査会では、違法なことが堂々と行われていたのですよ、堂々と。」
記者「きわめて残念な話ですね。」
弁護士「体質と言いますか……、なんだろうな……、交通局のことをおもんぱかったかは、推測ですけど、事務局が交通局のことをおもんぱかったとしたらですね……。名古屋市って、外部から幹部とか入ってこないですから、局長と局長どうしが相当つながりが強くて、かなり関係が緊密なのとちがいますかね。あるいは、市役所の不祥事は表に出さない、とくに交通局は、いろんな事故とか、客とのトラブルとかしょっちゅう問題を起こしていますから、不祥事を表に出したくないという考えもあったかも知れないし、そんな市役所全体の職場の雰囲気が、審査会にも伝わったのではないですかね。」
記者「組織全体の問題ですね。」
弁護士「名古屋市支部の組織を変えていかないとだめだと思います。名古屋市支部は、市職員の公務災害を担当しているのだから、職員の公務災害を第一に考えないとだめだと思いますよ。それを第一に考えないとだめです。ほかのことを考えてはいけないのですよ。公務災害のことだけ考えるべきなのです。山田さんのご両親がね、そして、水野弁護士や大勢の支援者の方々、労働組合、署名に協力した人も大勢いますよ、テレビも報道している。多くの人たちが、今回の問題に注目しているのです。いい加減な審査はできませんよ。『ぜひ、適正な審査を受けて、頑張ってください』って、私からは、山田さんご夫婦にそうお伝えしたいですね。」

記者「先生は、これまでも審査会の委員をされた経験はあったのですか。」

弁護士「審査会の委員というのは、他でもやった経験はありますよ。審査会の委員の経験は過去に何回もあるけど、今回のようなことは、初めてでした。」

記者「初めて？」

弁護士「市のなかで今回の公務災害が認められると、組織のなかで他の部署が関係してきて、安全配慮義務とか、過失責任とか、関係してくるという心配があるのでしょう。」

記者「組織を守ろうとしているのですね。」

弁護士「うちでは判断したくない、ということなのでしょうね。地方公務員災害補償基金の本部で判断してくれたらいいじゃないか、裁判所で判断してもらったらいいじゃないか、とね。自分たちで、変な判断はできないとね。」

記者「名古屋市全体の雰囲気として、山田さんの公務災害を認めたくない、という雰囲気があったのですね。」

弁護士「それは、間違いなくあった。辞任届けにもそれとなく抽象的に書いたけど、そういうことですよ。それがなかったら辞めませんよ。いったん審査委員を引き受けたのですから、責任がありますもん。調べて調べまくって、山田さんや水野先生、支援者の方々のためにもやるだけのことはやるっていうのは、当たり前のことですよ。」
記者「それができなかったのですから、先生もさぞかし無念ですね。」
弁護士「なんとも……、しかたがなかったね……」
記者「辞めずに審査を続けて、先生に結論を出して欲しかったです。」
弁護士「事態がね、動かなかったからね……。辞任で事態が打開できないかと思ったのですがね。審査会は、やることをしっかりやらないといけません。とくに今回の事案はね。これが、市の内部でこういう配慮があったのじゃないかとか、ああいう配慮で判断したのではないかとか、当然、山田さんとか、水野弁護士、支援者の方々は考えるだろうから、そういう疑われるようなことは、あってはならないです。そんなことをしていたら、審査会の信用を落としてしまいますよ。間違いなく。なんのために審査会制度があるのだという批判が、きっと出ますよ。それを私は、いちばん恐れますね。」

審査会委員を辞任した弁護士は、想像以上に誠実で信頼のおける人物だった。自分の役割を全うにやり遂げたい、ただそれだけを考え、日頃から弁護活動に携わっているのだろう。自分が信じることは決して曲げない、そんな強い意志が感じられた。この人に明さんの事案を最後まで審査して欲しかったとつくづく思った。

仮に審査が、この弁護士の納得いく内容で進み、事実にもとづいた深い議論が積み重ねられたならば、おそらく「公務外」というような判断にはいたらなかったであろう。大切なのは、審査する側とされる側の信頼関係なのだ。信頼関係が成立しないかぎり、公務災害の審査は、いつまでたっても遺恨を残す結果しか生まない。だが、民間の労災認定の場合も、公務員の公務災害認定の場合も、どんな人が、どんな気持ちで審査に向き合っているのかがはっきりしない。「顔」が見えないのだ。大切な判断を任されているにもかかわらず、その審査に信頼性が欠けるのは、そのためだと思える。

市長に面会を求める

二〇一二年七月三〇日、この日は晴れて暑かった。山田さん夫妻と水野弁護士、それと支援者たちは、再び名古屋市役所に向かった。名古屋市支部審査会の委員長が辞任するという異常な事態を招いた市の責任を追及するため、河村市長に直接面会して、抗議を申し入れることにしたのだ。

だが、面会時間に指定された場所に行っても、そこには河村市長の姿はなかった。山田さん夫妻をはじめみんなが「約束が違う」と市の担当者に詰め寄ったが、担当者は今度もただあれこれと釈明するだけだった。

水野弁護士が、「きょうはね、河村市長さんにね、名古屋市支部の支部長ですよ、河村市長は……。だから、支部長でもある河村市長に申し入れたいと、お願いしていたのではないですか」と強い口調で抗議した。

続けて勇さんが「私は、市長に直接、話を聞きたかったのです。どうして、こんなことになったのか、事情を聞かせてください」とその切実な気持ちを訴えた。

しかし、市の担当者は、「審査請求もそうですけど、文書をいただいて、請求人の方々の趣旨を伺うことは、まず事務局で対応させていただいています。申しわけありませんが、ご理解いただくしかありません」と応じるだけで、押し問答が続いた。

水野弁護士は、こんなことを続けていても埒があかないと、半ば諦めた様子で担当者に対して申し入れ文書の主旨を語った。

「本件については、明らかな重大な事実誤認があるので、それを考慮して、名古屋市支部の判断を撤回して欲しい。自ら進んで撤回をして欲しい。いま、支部審査会で審査されているが、審査する必要はまったくないと思いますよ。撤回すべきだと思います。百歩譲って、審査会で審査を続けるとしても、市は不当な介入をしないで欲しい、独立し公正な審査を行うべき審査会に対して、事務局が『えん罪とかパワハラとかは、審査の対象にならない』とか、そういうことは、決して言わないで欲しい。それは、裁判所の書記官が、裁判官に意見するようなことなのですから、到底あってはならないことなのです。公務員として公正であるべきだと思います。地方公務員災害補償基金名古屋市支部では、独立・公平が守られていないと言わざるをえない。だから、審査委員長をされていた弁護士が辞任されたのではないでしょうか。その弁護士は、私にはっきり言われました。『これは、抗議の辞任です』と。審査委員長が抗議の辞任をする、というのは、一体どういうことなのですか。これは、名古屋市支部の事務局がですね、審査会の委員の指示に従わないで、余計なことを言ったりするから、審査委員長が、責任を持って審査できない、そう思われたのだと思いますよ。審査委員長は責任がありますからね。審査委員長をされていた弁護士は、立派な方で控えめに仰っていますが、『えん罪やパワハラは、審査の対象にならない』なんてことはありえないですよ。それこそが、審査請求のいちばんの最も重要な争点じゃないですか。」

「人のいのちをどう考えているのですか。」

勇さんが、水野弁護士の話に割って入った。それほど、市の担当者の対応のひどさに業を煮やしていたのだ。

水野弁護士は話を続けた。

「そんなことで、審査会で公平・中立な審理ができると思いますか。独立性を保たねばならない審査会に、明らかに不当な介入をしていることになりますよ。」

「息子は、いのちを奪われたのです。それを事務局の人が『えん罪やパワハラは、審査の対象にならない』なんて言うのは、言語道断ですよ。きょうはなぜ河村市長とお会いできないのですか。はじめ交通局は『息子のことで職場では、一切トラブルはなかった』と言ったのですよ。人ひとりが亡くなっているというのに。手がかりがなにひとつないときから、私たちが一生懸命に調べて、いろんなことがわかったのですよ。市は全部隠していたのではないですか。息子を犯人に仕立て上げて、警察に出頭させて、その翌日に亡くなったのですよ。そのうえ、息子が亡くなった翌日には、当時の営業所の所長が、ポケットマネーで三万円を相手に支払って、示談にしたのです。これ、どう思われますか。それ、人間のやることですか。人がひとり死んだ翌日に示談を密かに交わし、三万円で片づけるなんて。」

勇さんは心の底から憤っていた。あまりに不誠実な市の対応に身体を震わせていた。雅子さんは勇さんの傍らに立ち、ずっとうつむいて話を聞いていた。しかし、その表情からは明らかに強い憤りが見られた。

水野弁護士は冷静に、努めて穏やかな口調で話を続けた。

「転倒事故があったバスを山田さんが運転していなかった、ということは、基金で審査をしているときにはわからなかったのです。審査請求の段階になって初めて『乗客調査表』が出てきて、調べてみると、山田さんのバスで転倒事故は起きていなかったことがわかったのです。ところが転倒事故が山田さんのバスで起きていなかった、というのは審査と関係がないというのが、事務局の考え方じゃないですか。『えん罪とパワハラは、審査の対象にならない。そんなことは、公務災害を審査するうえで関係がないことだ』と言ったのではないですか。ご両親にしてみれば、そんなことは到底許されることじゃありませんよ。市が、重大な誤りを犯したがために、山田さんは警察に連れて行かれたのですよ。そして、あくる日、焼身自殺をした。これは事実なのです。この一連の市の誤った行為が、審査の対象にはならないなんてありえないですよ。だから、あらためて言いますけど、真実がわかってきたのだから、市の考えを改めて、山田さんは公務災害で亡くなったのだということを潔く認めるべきだと思いますよ。ご両親の心情をね、わかっていただきたいと思いますよ。それを理解していただいたうえでもなお『えん罪とパワハラは、審査の対象にならない』と言い続けることは、人として許されない、そう思いますよ。事実がわかってきたのだから、わかった事実にもとづいて公正に判断して欲しいだけなのです。わかりますか。審査会で議論するまでもなく、基金支部長である名古屋市長が、『間違っていたので撤回します』と言うべきじゃないでしょうか。それを言わないとすると、損害賠償モノですよ、これは。」

市の担当者はうつむいたまま、水野弁護士の話をただ聞いているだけで、なにひとつ反論しようとはしなかった。

水野弁護士は続けた。

「早く審査会の結果を出してくれと、こう言っているのです。不当な介入などせず早く結論を出して欲しいと言っているのです。ご両親には、精神的にも肉体的にも大きな負担になっているのです。撤回すれば、審査する必要もないのですけどね。撤回できないのならば、審査会の結論で、『山田さんの自殺は、仕事上の問題だった』と認めればよいだけの話なのです。これ以上、遺族を苦しめるのはやめにして欲しい。ただそれだけのことなのです。」

市の担当者がようやく重い口を開いた。

「申し入れ書について、よく内容を読ませていただいて、適正に対応させていただきたいと思います……」

「いままで我々の話を聞いて、答えはただそれだけですか。」

水野弁護士が詰め寄った。

「個別の事案につきましては、いま審査中ということもありますので、この場ではコメントを差し控えたいと思います。私どもがいまのお話を伺っての対応というのは、いまのところは以上でございます……」

その場にいた支援者から「そんなバカな対応はあるのか」と怒りが爆発した。私は市の担当者に聞いた。

記者「審査委員の辞任は、重いと思いますが。」

市担当者「審査委員長の個人のことになると思いますので、この場ではコメントを差し控えます。」
記者「審査に公平性が保たれていないと思われますが。」
市担当者「この事案に限ったことではありませんが、一般的に市の審査会には、書記という役割がございまして、その書記が事務局の仕事をするのですが、その事務局は、まさに審査委員長の指示を受けながら事務を行います。しかし、通常の業務でありますので、審査会での取り扱いや発言については、基本的には審査会のなかで決めたことに従いますし、私どもが審査会のされることについて、独立性の確保の観点から、関与するようなことは一切ございません。」
記者「そのように答えられても、審査委員長の弁護士は、審査会の事務局に不信感を持ったわけですよね。」
市担当者「審査委員長をされていた弁護士の先生が辞任されたというのは、当然ながらそれなりの理由があったのだと思います。しかし、私ども事務局といたしましては、審査委員長が『辞めたい』とおっしゃることに対して、もちろんですが『続けていただけませんか』と誠意をもってお話をさせていただきました。しかし、『続けるのは難しい』というお話なので、審議を先に進めるためにも、審査委員長の交替の作業を淡々と進めさせていただいたということです。」
記者「審査会のありようが、異常だから、辞められたのではないのですか。」

市担当者「そこのところは……。異常かどうかにつきましても、内容のところは、審査会のなかのことですので、事務局としては把握はしていませんので、ご容赦ください。」
記者「誠意ある対応をされていると思いますか。」
市担当者「私どもが、ですか。私どもは、審査会の独立性を第一に考えておりますので、つねにそのようなスタンスで対応しておりますので……」
記者「しかし、独立性が保たれていないということで、審査員長は辞任されたのですよね。」
市担当者「そこのところは、私どもも辞められた審査委員長の真意を確認したわけではありませんので、お答えすることはできかねます……」
記者「審査委員長を辞められた弁護士と話の内容がかなりくい違うのですが、遺族は、そのような対応で納得されると思われますか。」
市担当者「ご遺族のお気持ちは、当然ながらたいへんなお気持ちだろうということは、わかります。私どもにも子どもがおりますので……。本当に亡くなられて、しかも自殺されたということは、受け容れがたいことだと思います……」
記者「だとしたら、そのような対応にはならないのではないですか。」
市担当者「ですから、さきほどから申し上げていますように、個別の事案につきましてはコメントはできませんので……。ただ、さきほどの私にも子どもがいまして……、というのはあくまでも個人的な感想です。」

「乗客調査表」で明さんのバスで転倒事故が起きたことが疑わしくなったときにもそうだったが、市の担当者と話をしても事態は一向に前に進まないことが、山田さん夫妻には痛いほど理解できた。市という巨大な組織に立ち向かうときの、一市民の無力さを心底思い知らされたにちがいない。

だが、審査委員長が抗議の辞任をしたということは、大きな出来事だと誰もが感じていた。新たに選ばれる審査委員長役の弁護士もそれなりに事情は知っているはずだ。だから、市側の意向にやすやすと乗った内容の結論を出すわけにはいかないだろうと考えていた。しかし、その期待はたった二か月で裏切られてしまう。

再び棄却

地方公務員災害補償基金名古屋市支部の結論を不服として行った支部審査会への審査請求、そして、審査の最中に起きた審査委員長を務めていた弁護士の異例ともいえる辞任、それを受けて支援者たちと行った名古屋市への抗議から二か月後の二〇一二年九月、審査会から結論が出たという知らせが入った。

九月一〇日、勇さん、水野弁護士、それと六人の支援者が、「裁決書」を受け取るために名古屋市役所に向かった。しかしその日、雅子さんは同行できなかった。足を悪くして膝の手術を受けたためだ。一緒に行って早く結果を知りたかったのだが、足が痛んで歩くことさえままならず、しかたなく家で待つことにした。

勇さんは水野弁護士と一緒に名古屋市役所二階にある支部の部屋に入り、担当者から書類を受け取った。これまでにさまざまに隠されてきた事実が、いくつも明らかになってきたのだ。今度こそは公務災害が認められる可能性がきっとあるにちがいない、と一抹の不安を感じつつも、みんながそう思っていた。

市の担当者から手渡された書類の表紙には、大きな文字で「裁決書」と書かれていた。

水野弁護士が、勇さんから裁決書を受け取り急ぎページを開くと、「主文　本件審査請求を棄却する」という文言が目に飛び込んできた。

「棄却か……」

水野弁護士が力なく口にした。

「だめってことだね……」

勇さんが肩を落としてそう呟いた。期待を抱いていたのだが、しかしその期待も簡単に裏切られてしまった。勇さんは部屋の外で朗報を待ちわびていた支援者たちに、短く挨拶した。

「長い間かかりましたけど、基金支部の審査会で最終報告が出まして〝棄却〟という結果が出ました。

私としては、期待していただけに非常に残念でなりません。息子が、バスの車内で起きた転倒事故は濡れ衣だったことがわかり、水野先生のご努力もあり、俄然、闘いは有利だと思っていたので、きょうはてっきりよい結果が出るものとばかり思っていました。だからこそ、きょうは、みなさんと一緒に喜んでもらおうと集まってもらったのに……。まことに残念の一言に尽きます。申しわけございません。」

勇さんは支援者たちに深々と頭を下げた。目には涙が滲んでいた。

勇さんの言葉を承けて水野弁護士が、「こんな不当な審査会の決定はまったく認められません。おそらく今後、再審査の請求、裁判所への訴えをしていかねばならないと思います。このような決定が、しかも、審査委員長が抗議の辞任をしてから、こんなに短時間で出るなんて考えてもいませんでした」と述べた。その口調には強い憤りが込められていた。

地方公務員災害補償基金名古屋市支部審査会が下した判断は、次のようなものだった。

添乗指導について。

交通局にとって、乗客に対するサービス向上は、必要不可欠なものであるため、しゃべりかたについての指導は、当然、実施すべきことである。指導において「葬式の司会のようなしゃべりかた……」という表現は、必ずしも適切なものとは言い難いかもしれないが、あくまでもしゃべりかたを捉えているものであって、被災職員（山田明さん）の人格や人間性を否定したものではなく、業務とは無関係の事柄を指摘したものでも、私的な事柄に立ち入ったものでもない。また、このような指導が継続したり、ひどい嫌がらせを執拗に受けたりしたものとも認められず「パワーハラスメントによる指導」とは、認められない。ちなみに、添乗指導は平成一九年二月の出来事であるが、この指導と三か月の期間を挟んでいる間に行われた平成一九年五月九日の健康診断においても、特段の所見はみられず、問診票においても、なんら異常や不調の申告はない。さらにアンケートによる同僚の記述によると、平成一九年五月四日頃、被災職員は、欲しかった鉄道模型の入手を喜び、来年の鉄道模型のイベントに行く意欲があったものと考えられ、五月中旬からは、サークルの旅行の準備に後輩と共に取り組み、楽しみにしていたとされている。以上の点からも添乗指導が被災職員に「強度の精神的又は肉体的負荷」を与えたとは、認められない。

乗客からの苦情とその指導について。

請求人（山田勇さん）は、平成一九年五月二日の接客態度についての苦情により、同年、五月一六日と六月九日に受けた指導について、被災職員が「『覚えていない。何日も前のことなのでわからない』と否認しているにもかかわらず、指導者は被災職員が当事者であるという前提で、追及した」と主張している。

しかし、被災職員自身「覚えていない、何日も前のことなのでわからない」と述べてはいるものの

「十分な説明をすることが、できなかったかもしれません」、「私は声が小さいのでお客様が、聞き取りづらかったのかもしれません」と述べたとされており、また、請求人の引用する「進退願」においても「友人との会話でも、自分の声が伝わらず、よく尋ねられます。乗務中であれば、自分としては、発声しているのですが、バスのエンジンはかかっているし、周囲の音にかき消されて結局『黙っていた』と、捉えられかねないと思います」と記載していることからすれば、被災職員に対し「お客様とは、聞き取りやすいはっきりした声でやりとりすること」、「声が小さければマイクの音量を上げればいいこと」、「お客様の立場、気持ちを理解して説明や対応をすること」との指導は、被災職員の自覚になんら反することのないものであって、相当な指導の範囲内のものであったと認められる。また、被災職員が否認している「舌打ち」や、ベビーカーの取り扱いについて、執拗に追及された事実は認められない。

請求人は「被災職員を全面的に屈服させるべく、さらに野並営業所の上司は、被災職員に対する『指導』を強め、圧力を加えている」、「被災職員の反省が認められたのであれば、さらに添乗レポートを提出させる必要はない」などとど主張しているが、「平成一九年度自動車部の接客サービス向上の取り組みについて」等によれば、「運行管理者が推薦する運転士の運行車両に添乗し、添乗レポートを作成のうえ運行管理者から指導を受ける」ことは、苦情があった場合の通常の対応といえるものである。今回の苦情は、社会的に大きな関心を持たれたり、対外的に大きな影響を及ぼしたり、業務に支障が発生するようなものではなく、懲戒処分等厳しい責任を問われたものでもなかった。
以上を踏まえれば、今回の苦情に対する指導が、被災職員に精神疾患を発症させるに足りる「強度の精神的又は肉体的負荷」を与えたものとは、認められない。

さらに、バス車内で起きた転倒事故について、名古屋市支部が見落としていた「乗客調査表」の分析にもとづく新証拠はどう判断されたのか。これは山田さん夫妻をはじめ関係者の誰もが最も関心を寄せていた問題だった。

車内転倒事故及び警察における事情聴取について。
平成一九年五月二八日に発生した車内転倒事故について、請求人は、被災職員の運転するバスで発生した事故ではなく、被災職員は、いわゆる「えん罪」により、警察での取り調べを受け、それが、強度の精神的負荷となり、精神疾患を発症し自殺に追い込まれたものであると主張する。「乗客調査表」が正しいことを前提とすれば、請求人が主張するように、被災職員の運転するバスは、「桜山東」での乗車人数二名、降車人数二名、通過人数二名であり、乗車した乗客が、そのまま同じバス停で降車するとは考えられないことから、「桜山東」まで乗車していた乗客が二名とも降車したと考えられ、車内転倒事故の被害者は、「滝子」から乗車し、「桜山東」よりも先の「藤成通五丁目」で降車したのであるから、被害者は、被災職員の運転するバスには乗っていなかったという結論になる。

しかし、交通局が検討したように、他のバスで事故が発生したとしても「乗客調査表」に矛盾が生じ、あるいは関係者の証言と食い違いが生じる。加えて「乗客調査表」は正確に人数をカウントすることができない場合があると認められる。

交通局としては、車内転倒事故が発生したと思われる場合に、警察に届出をせずにおくこと、あるいは、被害者の訴えを聞き入れずに放置することは考えられず、「乗客調査表」、車両型式、関係者の証言から総合的に判断して、バスを特定して警察に届出をし、また被害者への対応をしたものであり、しかるべき対応をしたものといえる。

被災職員は「私の運行する時間帯であれば、そうでしょう」と一応は述べているが、のちに納得できない旨のメールを同僚職員に送信していることから、本心から納得はしていなかったものと認められる。

しかしながら、運転士は事故に気づいていなかったと関係者も認識しており、主席助役も「関係者も運転士さんは、気づいていなかった様子だったと言っており、身に覚えがないかもしれないが、当該場所、時刻に車内で事故が発生したことは確かであり、当局が補償しなければならない」としたものである。

被災職員が、自らの起こした事故であると納得していない事柄について、自らが起こした事故であると職場で扱われ、警察署への届出に同行し、同署において事情聴取を受けたことが、被災職員にとってそれなりにストレスになったことは、否定できない。

しかし、警察での事情聴取は、あくまでも、事故について三〇分程度、事情を聞かれたにとどまるものであり、被疑者として身柄を拘束されるとか、あるいは、尋問を受けるといった事態ではない。そして、上記の被災職員のやりとりからすれば「覚えはないが、周りがそういうのであれば、そうでしょう」と応じたと思われ、それはまさに、被災職員の認識そのものである。

今回の車内転倒事故は高齢者が、バスが揺れた際に転倒し、転倒したことを運転士に告げることもなく下車する程度もので、被害者の負傷の程度も軽症であり、生命にかかわるものや、被害者が長期入院をするといったものではなく、さらに、上司の交渉によって示談解決する見込みが示され、被災職員の責任においても、業務への支障においても、将来に大きな影響を与えるものではなかったといえる。

しかも、被災職員には過去に類似の事故の経験もあり、警察での事情聴取も受けている（これは二〇〇五年に停留所に停車する際に起きた、乗客が足首を捻った事故を指している。交通局は事故当日、警察署に届出をし、明さんは事情聴取を受けている）。以上の点を踏まえれば、今回の車内転倒事故と、それに引き続く警察署における事情聴取その他の事情も、精神疾患を発症させるに足りる「強度の精神的又は肉体的負荷」を与えたものというに足りない。

これが審査会の示した転倒事故に関する判断だった。要するに「乗客調査表」には誤差が生じるので信用性が低く、それだけでは判断の材料にはならない。また、転倒事故がでっち上げであろうがなかろうが、たいした問題ではないのだから、自殺に追い込まれるほどの精神的負荷があったとは考えられないと判断したのだ。「自殺するほどの出来事でも、嫌がらせでもないのだから、死んだほうが悪い」と言わんばかりの判断だ。加えて、明さんの「精神的な脆弱性」を持ち出し、それを根拠に公務災害とは認められないというわけだ。これでは、誰もが死にたくなるようなひどいハラスメントが立証されないかぎり、さらに言えば出来事の結果が重大で深刻でないかぎり、たとえ罪を着せたとても「特別なんの問題もない」と言っているにひとしい。

そして審査会はこう結論づけている。

本件における被災職員の焼身自殺と公務との間には、相当因果関係が認められないというべきであるから、今回の焼身自殺は、公務に起因するものとは認められない。支部長が請求人に対して行った公務外の認定処分は相当であって、これを取り消すべき理由は認められない。

よって、主文どおり裁決する。

勇さんにはあまりにも残酷な結論だった。

自宅で吉報を待ちわびている雅子さんに、勇さんは電話をかけた。雅子さんはすぐに電話に出た。きっと受話器の前で待っていたにちがいない。勇さんは躊躇したが、伝えないわけにはいかない。少し間をおいて慎重に話しだした。

「あ……、俺……、だめだったわ……」

雅子さんは無言だった。

「認められんかったわ……、水野弁護士や六人の方々に集まってもらって、みんなで『バンザイ』して祝おうと思っていたのだけど、だめだったわ……」

「そう……、残念だったね……」

そんな短いやり取りで電話は切れた。

山田さん夫妻にとって残された道は、地方公務員災害補償基金の本部に対する再審査請求か名古屋地方裁判所への提訴しかなかった。

審査会の裁定が下りたあと、私は、辞任した弁護士に代わって新たに審査委員長に就任した弁護士に話を聞いた。

「今回の決定には自信はありますか。」

「当たり前じゃないですか。審査委員のみなさん、一生懸命考えて結論を出しました。内容に自信はあります。」

逡巡した様子は見られない答えが返ってきて、私は内心驚いた。私は、彼に話を聞く前には、審査委員長を引き継ぐことになった特別な事情もあり、苦渋の選択を迫られたというニュアンスの答えを予想していたのだが、その予想は完全に裏切られた。どのような経緯でこの結論を得たのか、もう少し詳しく話を聞かせてほしいと迫ったが、「個別の事案について話すことはできない」とあっさり拒否されてしまった。

公務災害補償基金名古屋市支部審査会の歪んだその実態を垣間見たという思いが、私には残った。

第五章　真相究明は法廷の場に

母親の苦衷

二週間後、今後の方針を話し合う支援者たちの会議がもたれた。
冒頭、いつもは言葉少なで、うつむいてばかりいた雅子さんが、突然立ち上がり、用意してきた文章を読み始めた。

「本日は、お忙しい中、お集まり頂きまして、誠にありがとうございます。名古屋市支部審査会の結果は、残念な結果でした。私たちの知らなかった明の職場のことが、色々と分ってきましたので、良い結果が出るのではないかと期待していただけに返す返す、残念でなりません。実は、九月一五日に私の父の命日がありまして、親戚みんなが集まりました。その場で、今回の件で話を聞いてもらいましたが『もういいのではないか、これまでよく頑張ったじゃないか、裁判はやらなくても、明は納得している』という意見でまとまりました。私も親戚の意見と同じ気持ちです。主人とは、このことに関して考え方が違うので、対立しています。これまで、本当に支援を続けてくださり、感謝しています。ありがとうございました。勝手なことを申し上げていることは、重々承知しています。申し訳ありません。以上です。」

部屋は重い空気に包まれた。みんな雅子さんの気持ちは、痛いほどわかっていた。「闘い続けることに疲れた」と言う日がいつか来るだろうと覚悟もしていた。それほど雅子さんが精神的に疲れ果てていることは、誰の目にも明らかだった。

支援者のひとりが口を開いた。「きょうはぜひ、お母さんが、気持ちをみなさんに聞いて欲しい、ということでしたので、お話いただきました。」

「十一人の親戚が、集まって話し合ったのです」と勇さん。

「みんなで相談した結果ですので……」と雅子さんが言うと、それを遮るように勇さんが、「私は、そんなことで引き下がれないと思っています。これから中央の審査会もありますし、裁判にだってようやく訴えられる。これからが勝負ですからね。家内は、そうやって、完全に裁判はやらないと心に決めています。私は、これからどうなるのかわからないので、こんな中途半端な、無念な思いのままで引き下がるわけにはいきませんので……。私の考えは、親戚にも伝えて、みんなからは『そこまで言うのだったら任せるよ』ということだったので……。でも、家内はここで闘いからは降りることになります。申しわけありません。みなさんがこれだけ応援してくださっているのに、恐縮なのですが、家内の気持ちも察してやってください。本当に勝手を言います。申しわけありません」と頭を下げた。

「お母さんの気持ちは、みなさん理解できると思いますので、きょうのところは、こういうことで……」と支援者のひとりがその場を収めた。

私はこれまで、取材で過労死などの労災の認定を求めて闘う人たちを何人も見てきた。そして、雅子さんのように、闘いに疲れ、身を引いてしまう遺族も見てきた。民間企業であれ、行政機関であれ、闘う相手は多くの場合、巨大な組織だ。組織の側の人間にとっては闘いを押え込むことがいわば仕事なのだから、時間も金も思う存分に使える。情報も握っている。それにひきかえ、訴える側の遺族は、死亡の原因は仕事にあったと主張するためには、手がかりを求め、素手で懸命に証拠を探り出して、それを証明しなければならない。しかも日常生活をしながらだ。限られた時間と資金のなかで、闘いを続けなければならない。遺族は闘う前から大きなハンディキャップを背負わされているのだ。だから「闘っても所詮無駄」とはじめから諦めてしまう人たちや、踏ん張って闘いを始めても、闘い半ばで気力を維持できずに、あるいは周囲からの「視線」に耐え切れず、時には資金に窮して、闘いを途中で断念しなければならない人たちがいる。労働災害死や公務災害死の認定を求める現場は、原因を生んだであろう企業や組織に、圧倒的に有利な制度になっているのである。このことを直視し、これを改善しなければ、労働現場から労働災害や公務災害による労働者の死をなくしていくことはできないだろう。

雅子さんは、この闘いから身を引くことを決めた心境を、私にはこう打ち明けている。

「きのうも、明が自殺した現場にお花を持って行きました。いつもあそこに行くと思うのですけど、どんな気持ちでここに来たのかなって……。あの場所に行くとね、本当に泣けてくるのですよ。あの日……、どんな気持ちで、ガソリン持ってここに来たのかなって……。本当に考えれば考えるほど、かわいそうで、かわいそうで、本当にそう思います。その気持ちに気づいてやれなかった私たちも悪かった。それをただただ、後悔していますが、そのときは、何も言ってはくれなかったからね。本当に哀れでした、焼身自殺なんてして、あんなふうに……お棺にね、目だけ出して、ほかは全部包帯が巻かれていて、真っ白で……、その上に市バス運転手の制服を着せて……、着せてって言うか、乗せてね、お棺に納めたのですけど、本当にあの姿を見たときは、私の兄弟も大泣きしましてね……。あの姿を思い出すと明が、かわいそうで、かわいそうでね、なんとかならなかったのかって思うのですけどね……、本当にかわいそうで……」

雅子さんはこれまで、明さんのことをあまり話したがらなかった。きっと、そのときのことを思い出すのが辛かったのだろう。息子を突然に亡くしただけでも耐えがたいことだ。しかも焼身自殺という衝撃的な死に方をしたのだ。月日が経ても、心の整理がいつまでもつかないのは当たり前のことだ。しかし、闘いを支援してくれる人たちがたくさんいるにもかかわらず、自ら息子の無念を晴らすための闘いから身を引くことにした負い目を背負って苦しむ気持ちは察して余りあるものがある。心の整理がうまくつかないのだろう。雅子さんは話し続けた。

「これから裁判が始まるわけでしょう。裁判となると、名古屋市交通局の人たちが法廷に来て、証言するじゃないですか。そのやり取りをね、聞きたくないというか……、みなさん、本当のことを言わなくっちゃいけなくなるでしょう。そういうことを直接聞くとね、きっと、神経が高ぶっちゃって、なんか……、精神的におかしくなっちゃうのではないかと、心配になるのですよ。興奮したりしてね……。これまでも、市の担当者の方と話し合いをする機会がありましたよね、そのときも話を聞いていても、腹が立つことはたくさんありましたよ。そんなとき、頭の中が、どうにかなっちゃうのではないかと思うことがあったのですよ。裁判となるともっと、もっとでしょう。生々しい話は、聞きたくはありませんよ。」

「たとえば、自殺する前日、突然、バス車内の転倒事故を知らされて、警察に出頭させられて、どんなふうに落ち込んでいたのか、どんな気持ちでいたのか、仮に証言してくれる人がいて、わかって、話を聞くことになったら、私は、我慢できないと思うのですよ。だから、聞かないほうが、よいのかなって……。でも、みなさん、なんの関係もない方々が、私たちのために本当に一生懸命にやってくださって、感謝しています。でも、私は法廷に行きたくないのです。」

裁判所で、関係者の証言によってどのような真実が明らかにされるのか、あるいは隠され続けるのか、それはわからない。しかし、どのような証言であったとしても雅子さんは、精神的にそれを聞く自信がないと言うのだ。真実が語られても辛いし、語られなければならないで腹立たしい、そんな経験を、雅子さんはこれまでの市との話し合いで幾度となく経験してきた。

私は、「真実を知ることは辛いですか」と聞いた。

すると雅子さんは、「裁判は、お父さんに任せようと思うの。お父さんが、裁判に出て、時々、ポツリ、ポツリと内容を話してくれたら、いまはこういう状態なのだ、ということがわかるから、私はそれで十分かな、って思うのです」と答えた。

こうも聞いてみた。「やはり、真実を明らかにする闘いは、遺族にとって、辛くて長い時間だけが過ぎるという印象ですか」と。

すると雅子さんは、こう答えた。「もう少し時間が経てば、明が亡くなった頃の記憶は、少しずつ薄れていくと思うのですけど、まだあのときの記憶は、私の頭の中から離れないのです。明のつらい思い出を背負いながら、厳しい闘いを続けるのは、本当にしんどいです。だけど本当は、そんな弱音を吐いたらだめなのだけどね……」

私たちの会話を横で聞いていた勇さんが、「みなさんのおかげで、精神的に支えられたからこそここまで闘えたのです。これだけは、間違いのない事実です。でも、闘いはまだまだ、これからだと思っています。どんな事情で明が亡くなったのか、なぜ死ななくてはならなかったのか、真実を知るまでは闘いをやめるわけには、私はいかないのです。裁判に踏み切って、私ひとりになっても、親戚、兄弟が止めようとも、断じて言うことは聞きません。そりゃあ、親戚や兄弟が言うことが正しいのかも知れませんが、でもやはり、真実を、私は知りたいのです。だから、みんなが集まった席でも『私は、闘いを続ける』って言ったのです。ここで諦めたら明は浮かばれない、そう思って……。私は闘い続けることを決めたのです。」

「存分にやってくださいよ」と言って雅子さんは笑った。

そしてこうも続けた。「この六年間、辛かったですよ。真実が、少しずつわかってくるのはうれしいけれど、その反面、辛い気持ちにもなりました。組織といいますか、市役所の人たちの嫌なところ、見たくないところ、見えちゃいますからね。数日、落ち込むこともありました。私は何をしているのだろうってね……。嫌な気持ちになることだってありましたよ。それに、当然といえば当然ですけど、明のために闘っていると、明のことをいつも思い出しちゃってね。せっかく自分の人生、自分で切り開いて、夢だった市バスの運転手になって、憧れの職業だったからね。仕事、頑張って、新築の家を建てて……。立派なものですよ。親バカでしょうが……。私たちにとっては、自慢の息子ですよ。ほんと『あとは嫁さんだね』って、笑って話していたのですもの。それが、突然、死なれるとね……。突然、居なくなるとね……。親としては、たまりませんよ。明にはね、普通の家庭を築いて欲しかったですよ。普通でよかったのです。特別、裕福でなくてもよいのです。偉くならなくたってよいし、普通の暮らしをしてね、明が、お父さんになって、子どもたちが大きくなって、一緒にお酒飲んで、世間話でもして……。そういう、どこか穏やかで温かい家庭をね、築いて欲しかったね。普通のお父さんになって、お嫁さんと子どもたちと楽しく暮らしてもらいたかったですよ、本当に……」

雅子さんの願いは、母親としてはごく普通のものだ。いまとなっては願ってもかなわないことが、どうしようもなく悲しいのだろう。いまも、明さんが「ただいま」って、家に帰ってくる夢を見るという。

そして、これから始まる裁判についての不安も口にした。「裁判に勝てば、これほどうれしいことはないですけど、でもわからないでしょう。不透明な部分もきっとあると思うのですよ。弁護士の先生の話を聞いていると、そう感じます……」

この不安な気持ちは、どうすることもできない。必ず勝つと決まったわけではもちろんない。もしも負けたとき、心の整理がつけられるのだろうか。そんなことを考えただけで、雅子さんの胸は締めつけられるのだろう。しかも、いつ終わるとも知れない、気力だけが頼りの闘いだ。七十を超えた母親にとっては、この闘いは耐え難いものにちがいなかった。

名古屋地方裁判所に提訴

公務災害は制度上、基金支部の審査会の結果が出てからでないと裁判に訴えることができない。九月にその結果が出たことで、名古屋地方裁判所に提訴する条件は整った。

一〇月五日、提訴を前にして、山田明さんの公務災害認定を支援する会は総会を開いた。ひとりで闘いを続けることになった勇さんを元気づけようと、総会には一〇〇人近くの人たちが集まった。

はじめに支援する会のメンバーが、「曖昧な関係者の証言を採用した結果、受け容れがたい結論が出ました。『本人は、納得していないかもしれないが、事故はあったのだ』として、あくまでも、山田さんに責任をなすりつけたえん罪を認めようとはしませんでした。しかも、バスの転倒事故は軽微なもので、山田さんの将来にわたって大きな影響は与えないだろう、とまで断言しているのです。どうですか、みなさん、こんなことがなぜ言えるのでしょうか。事故の責任をなすりつけられていようがいまいが、たいした事故ではないのだから、山田さんの将来に傷がつくようなことはないのだから、自殺する原因にならない、と言っているのです。こんな判断を、私は許せません。なぜ山田さんは、焼身自殺という衝撃的な手段を使って、自らいのちを絶ったのか。そのことにはまったく心を寄せず、基金支部も支部審査会も極めて冷酷な判断をしている。こんな無責任な判断をいちばん悔しく思われているのは、ここにおみえになっているお父さん、勇さんですよ。これから裁判が始まります。ぜひお力添えをお願いします」と挨拶した。

大きな拍手が起きた。誰もがこれまで行われた審査の結果に納得していない、そんな意思表示とも感じられる拍手だった。

水野弁護士からは、公務災害認定を求める取り組みのこれまでの経過と、裁判への決意が述べられた。

総会の最後に、勇さんが参加者に向けてその気持ちを語った。

「本日は、お忙しいなか、こんなに多くの人たちに集まっていただき、まことにありがとうございました。いままで、名古屋市支部で審査がされていましたが、遺族としましては残念な結果に終わりました。これからも精一杯、頑張りますので、みなさんのご支援、ご協力を心からお願いしたいと思います。これからもよろしくお願いいたします。」

二〇一三年二月二八日、名古屋地方裁判所に提訴するその日は晴天だった。勇さんは裁判所に向かう前に、高架下の手作りの祭壇に向かった。いつものように水を入れ替え、新しい花を供え、線香とロウソクに火を灯した。そして静かに手を合わせ、これから始まる裁判をひとりで闘う決意を、明さんにこう語りかけたという。

「お母さんも裁判をやることに反対というわけではないのだけど、六年間、いろいろな人たちと出会い、ありとあらゆる場所に行き、多くの新しい事実を知って、疲れ果てたのだと思います。それもわからないでもないので、私がひとりで頑張ろうと決めました。私が、最後まで頑張らないと、明がかわいそうだからね。私ももう齢だし、正直言いまして心身ともにしんどいけれど、これだけはやり遂げるしかないと思っています。私と同い年の水野先生も頑張ってくれているのですから……。裁判に勝ったら、ここで明と一杯、酒を交わしたいと思っています。」

名古屋地方裁判所の前には、支援者たちが二〇人ほど集まっていた。誰もがこれから始まる裁判を闘い抜き、これまでの無念を晴らしたいと強く願っていた。提訴後、勇さんは、名古屋司法記者クラブで開いた記者会見に臨んだ。名古屋司法記者クラブは、裁判所の地下にある小さな部屋だ。勇さんには初めての場所だ。記者たちを前に、少々緊張した表情を見せた。ここで勇さんはこう語った。裁判を前にした勇さんの気持ちの表明である。内容の重複をいとわず、そのまま記しておこう。

「私は山田明の父親です。息子の明は、二〇〇七年六月一三日に名古屋市緑区にある高速道路の高架下で焼身自殺を図り、翌日死亡しました。念願かなって二〇〇一年に名古屋市交通局に採用され、バスの乗務員となりました。二〇〇六年九月から野並営業所に勤務していましたが、二〇〇七年の六月一二日に出勤した息子に対し、二週間前の五月に起きたバス車内での転倒事故の運転手と決めつけられ、警察に出頭させられました。明は、上司に『事故には関わっていない』という内容のメールを送り、事故とは関係ないことを伝えていました。しかし、受け容れられず、翌日に焼身自殺したのです。初めはまったく遺族には隠されていた事故です。しかも、私どもの調査で、さまざまな事実がわかってきました。市の交通局が記録している『乗客調査表』を見るとバス車内で転倒した女性は、明の運転するバスには乗っていなかったことがわかりました。市の調査は、あまりに杜撰です。身に覚えのない事故の責任を押つけられた抗議の自殺をしたとしか考えられません。息子の無念を思えば、悔しくて、かわいそうで、返す返す残念でなりません。どうぞ、一日も早く真実に目を向けてくださり、裁判所で速やかに公務災害を認めてくださるよう、お願いいたします。」

名古屋地方裁判所に提訴後も基金本部に対する再審査請求の手続きは続いていた。

支部審査会で申し立てが棄却されたのを受けて、二〇一三年三月二五日に、勇さんと水野弁護士、西川弁護士、それと数人の支援者が、最後の申し立てをするために、東京都千代田区にある地方公務員災害補償基金本部で開かれる再審査会に出向いている。これまでの経緯から、訴えが認められることはまずないと考えていたが、支部審査会の決定には不服であるという姿勢は示しておく必要があったからだ。結果は予想通りだった。四か月後に勇さんの手許に届いた七月一二日付の「裁決書」には、「棄却」と書かれていた。だが、勇さんはさほど落胆したふうには見えなかった。勇さんの気持ちは、すでに裁判に向かっていた。

証人尋問を前にして

名古屋地裁での口頭弁論は二〇一三年五月四日から始まった。だが、水野弁護士をはじめとする弁護団の懸命の努力にもかかわらず、明さんがハラスメントの対象になった理由や転倒事故の真相など、未解明の謎は残されたままで、少しも明らかになってはいなかった。明さんの同僚たちは、相変わらず誰ひとりとして協力してくれようとはしなかった。

双方の証拠資料や関係者の陳述書を法廷に提出するなど、裁判は淡々と進行した。こうした状況では、カギはなんと言っても証人尋問が握っていた。したがって、市側の証言者からなんらかの新事実をなんとしても引き出す必要があった。

証人尋問は六か月後に迫っていた。この間、水野弁護士は実に粘り強く、証人として法廷に立ってくれる同僚を探し続けていた。何人にも声をかけ、断られても、断られても、諦めることなく、交渉を続けていた。そして遂に、明さんと親しくしていた野並営業所の同僚が証言台に立つことを承諾してくれたのだ。これは心強い証人の登場だと誰もが心から喜んだ。法廷に立つことで証言者が職場で不利益を被る恐れは十分にあった。内容によっては、証言者が明さんと同様にハラスメントのターゲットになる可能性もあった。だから、どこまで突っ込んだ話をしてもらえるかわからないという不安はあったが、水野弁護士はひとまず安堵した様子だった。

証人尋問を前に、勇さんをはじめ水野弁護士たち弁護団と支援者が集まり、対策会議を開いた。市側の証人は、万全の準備を整えてくるにちがいない。手抜かりはないはずだ。だから質問を練りに練って、どんなに小さな穴でも見つけて突破口を開く必要があった。知恵を絞るしかなかった。

水野弁護士は添乗指導記録票の、明さんが亡くなる前年秋の記録に注目した。そこには、所長、副所長、首席助役の営業所の幹部三人が、同じ日に、時間帯を変えて明さんのバスに指導のために添乗したことが記されていた。この不自然な添乗指導は、明さんをターゲットにしたハラスメントを疑うに十分だった。

「添乗指導記録票を見ると、二〇〇六年の一〇月二七日に営業所の所長をはじめとする幹部三人が、それぞれ時間帯を変えて乗車しているよね。なぜ、明さんのバスに添乗したのかと聞くと、相手はどう答えるだろうか?

『たまたまそうなった』という言い方になるでしょうね。」

支援者のひとりが答えた。

水野弁護士は、「だけど、名簿を見ると当時、営業所に所属していてバスに乗っていた人は一一四人もいるのだよ。そうすると明さんのバスに営業所の幹部三人が、同じ日に時間を変えて添乗指導をするというのは、現実的に可能性としてはきわめて低いのではないだろうか? と聞くとする……。すると相手は、どうのように答えるかだな。『なんらかの意図があったのではないか?』と聞いても、『いや、ありません。偶然です』と答えるだろうな……。だとするとそれ以上、追及する材料がないからね……」

弁護団のひとり西川研一弁護士が「なんとか偶然じゃない、というニュアンスを浮かび上がらせるためにどう聞けばよいのでしょうかね。たとえば『添乗指導は、ある一定の運転手に偏らないようにやっているのですね』と聞くとすると、おそらく『そうです』と答えるでしょうから、続けてこう聞くのは、どうでしょう。『一日の間に同じ運転手のバスに営業所の幹部が何人も添乗指導することは、一般的にあるのですか?』と。こう問えば、『そういうことは、ありません。まんべんなく添乗するようにしている』と答えるでしょう。そこで、『じゃあなぜ、山田さんのバスには、一日に三人もの営業所の幹部が添乗指導したのですか?』って聞いてみるのはどうでしょうか。答えに窮しないでしょうか。」

岩井羊一弁護士があとを引き取った。

「『添乗指導を、そもそもなぜやっているのか?』と聞くと、相手は『それぞれの運転手が、決められた通りきちんと運転業務をこなしているのかを確認するためです』と答えるでしょう。これを受けて、私たちが『そうすると〝それぞれの運転手〟というのが、大切なわけで〝それぞれの運転手〟をまんべんなく見ないといけませんよね?』と聞きます。すると相手はおそらく『そうです』と答えるでしょう。で、私たちが『添乗指導する人も限られているから大変でしょうね』と水を向けると、相手は『そうです』と答えると思います。このタイミングで、私たちが『限られた人数の中で、運転手を分散してまんべんなく見ないといけないとなると、一日にひとりの運転手に対して、営業所の幹部が何人も添乗指導をすることはおかしいですよね』と持っていけませんかね」と想定問答を披露した。

「なるほど。」

水野弁護士はうなずいた。なにか手ごたえを感じたようだった。

会議は俄然、熱を帯びてきた。

「添乗指導というのは、あらかじめ対象の運転手を決めてからやるのですか?」と岩井弁護士が、元名古屋市営バスの運転手をしていた支援者に聞いた。現役ではないが、職場の内情を知る人の助言は貴重だ。

「まんべんなく添乗指導をしようとすると、きょうはこの運転手、明日はあの運転手、と計画を立てないとできないでしょうね」と彼は答えた。

「では、きょうは山田運転手に添乗指導しよう、と決めないと山田さんのバスには添乗しない、ということになるわけですか? たまたま添乗指導する、ということは考えにくいですか?」と岩井弁護士がさらに聞くと、彼は「それは絶対にありえません」と答えた。「じゃあ、添乗指導の計画書みたいなものを作るのかな?」と水野弁護士。「一応、作っているはずですよ」と彼。

やり取りを聞きながら考え込んでいた西川弁護士が口を開いた。

「できることなら、山田さんのバスに、同じ日に営業所の幹部三人がたまたま乗ったというのは嘘っぽいな、という印象を裁判官に与えるような聞き方をしたいですね。」

「嘘っぽく見せるか、か……」水野弁護士が腕を組んでつぶやいた。そして『たまたま乗車した』と言うのを嘘っぽく見せるには、まんべんなく添乗指導をしているケースが多いのに、偶然、同じ日に、営業所の幹部三人が、同じ運転手に添乗指導するのは考えられない、ってことをどう表現するかだな……」と応じた。

「最初に『たまたま乗車した』というのを、相手に強調させて言わせたいですね」と西川弁護士。すると水野弁護士が「逆に相手は〝たまたまだ〟ということを強調したいだろうから、水を向ければ言ってくると思うよ」と笑った。

証人尋問では、災害補償基金支部側の証人は、当然ながら基金側に有利な証言を心がけるはずだ。だからこそ、相手が主張する内容を逆に利用して、訴えの側に有利な証言に〝生まれ変わらせる〟ことが、なんとしてでも必要なのだ。明さんのケースのように、基金側の証人の人数に比べて、山田さん側の証人は、同僚ひとりと勇さんの二人だけだ。人数だけをみても、裁判所に与える印象の不利は否めない。なんとか相手の〝オウンゴール〟を引き出す術を練らなければならなかった。弁護団会議は予定の時間を大幅に超えて続いた。

交通局課長の証言

裁判の山場となる証人尋問は、二〇一四年一〇月六日と一五日の二日間にわたって行われた。水野弁護士としては、職場の協力者も、明さんが残した証拠も乏しいだけに、裁判を有利に運ぶためにこの証人尋問に賭けていた。基金側の証人と弁護団は完璧なまでに想定問答を練り上げ、準備を済ませてくるにちがいなかった。その完璧に準備された証言から、どんなに些細なことでもはころびを見つけ出し、それを突破口にして、裁判官の心証を引き寄せたいと考えていた。

最初の証人は、明さんの車内アナウンスに対して「葬式の司会のようなしゃべりかたはやめるように」と添乗指導記録票に記載した名古屋市交通局の自動車運転課長という職にあったM氏だった。前述したように、市の内部資料でも、また補償基金名古屋市支部の決定通知書でも、この添乗指導を行ったのはなぜか営業所の職員ということになっていた。本庁の課長と営業所の職員では、指導の重さがまるで違う。このことは、裁判になって、各種の証拠が提出されるまではわからなかったことだ。

まずは補償基金側の弁護士が、添乗指導の経緯を聞いた。

基金側弁護士「二〇〇七年二月三日は、最初どこに行かれて、お帰りになるときにはどういうルートでお帰りになったのか、言っていただけますか。」
課長「この日は二月三日、節分でございました。節分の日は、節分バスを運行してございます。具体的に申し上げますと、節分バスは、まず、大須観音と笹寺西門を結ぶバス。それから、笹寺におみえになるお客さんの利便を図るということで、地下鉄の新瑞橋の駅から笹寺西門を結ぶ臨時のバス、この二系統がございました。私の場合は、当日は、その運行状況を確認するため自宅から参りまして、私はまず名古屋駅に参ります。名古屋駅から大須観音まで行きまして、そこの状況を確認して、バスへ乗って今度は、笹寺西門へ参りました。終わって、帰るときに、今度は笹寺西門から新瑞橋に向かう、さきほど申しました臨時バスがございますので、それに乗って帰りました。」
基金側弁護士「山田運転士の運転するバスに乗られたというのは、どういう経緯からですか?」
課長「笹寺西門で視察というか、確認が終わりまして帰る途中に、さきほど申しました笹寺西門から新瑞橋に向かう臨時のバスに乗ったのですけども、たまたまそのバスを運転していたのが野並営業所の山田運転士だった、ということです。」
基金側弁護士「初めから山田運転士のバスに乗ろうとされていた、というわけではないのですか?」
課長「はい、ございません。」
基金側弁護士「乗務員の場合というのか交通局の職員の場合には、職務上、必要があるときは職務乗車証を使用することもできるようなのですが、それを使わずに土曜と日曜日と休日だけ、一日に何度も乗り降りできるドニチエコきっぷを使われたのは、何か理由があるのでしょうか?」
課長「たまたまと言いますか……。私は前日に職務乗車証を借りることを忘れまして、当日、名古屋駅へ来て、そこから市役所に戻って借りるということも選択肢としてはあったのですけども、私は直接、大須観音へ行きましたので、ドニチエコきっぷを買って、それで乗車をしました。」
基金側弁護士「課長さんの身を秘しておこう、という意図はあったのですか?」
課長「そういう意図は、ございません。」
基金側弁護士「本件以外にも、職務乗車証を使わずに添乗されるということはあるのでしょうか?」
課長「はい、さきほど申し上げましたように、職務指導というのが、職務のひとつでございますので、必要があれば添乗するということはございます。当然、職務乗車証を使う場合もございますし、そうでない場合もございます。」
基金側弁護士「証人自体が、身分を隠して添乗されたという経験は、これまでにあるのでしょうか?」
課長「私は、ないと思います。」
基金側弁護士「そうすると、今回のように職務乗車証を忘れたような場合だけに、切符を買って添乗すると、そういうことですね。」
課長「はい。」
基金側弁護士「乗車された山田さんのバスですが、どこに乗車されたのでしょうか?」
課長「そのバスは、非常に超満員でございまして、お客様に先に乗っていただきまして、私は一番、最後のほうで乗りました。したがいまして、位置といたしましては、料金箱がある前の辺りで立っておりました。」
基金側弁護士「その間、山田運転士の運転状況、業務状況についてお気づきになったことがございましたか？」
課長「バス停でお客様がお降りになるときに、ありがとうございます、どこどこです、という案内をするわけですけども……」
基金側弁護士「たとえば、桜本町ですということですね。」
課長「はい、ありがとうございます、という案内をするわけでございますが、私が、そこに乗っておりまして、山田運転士は非常に小さい声で抑揚もないといいと言いますか、そのような声でアナウンスをしてございました。私はそれを、葬式の進行のかたが話すようなアナウンスというふうに感じたところです。」
基金側弁護士「ソフトな言い方というふうにも聞こえるのですが、それはどうなのですか。そうは、思わなかったのですか？」
課長「大きく、がなるわけじゃないのですけども、小さい声で話して、本人はソフトに思っているのかな、ということは思いました。」
基金側弁護士「そのことは、山田運転手に伝えたいと思ったのですか？」

課長「はい、そうです。」
基金側弁護士「どういうふうな形で伝えたいと思いましたか？」
課長「その方法といたしまして、さきほど来、話しがございましたが、添乗指導記録票というのがございます。通常の方法で、それを使ってやろうとしました。」
基金側弁護士「二月三日は土曜日だったのですが、添乗指導記録票の起票をされましたね。」
課長「はい。」
基金側弁護士「そのほかにされたことはございますか？」
課長「はい。二月三日、土曜日でございます。通常ですと、その添乗記録票は本庁舎と営業所を結ぶ文書集配車がございます。それで送るわけですけども、土日はそれがお休みということでございまして、添乗指導記録票を送るのが遅くなりますので当日、私は、野並営業所の主席助役に電話をいたしまして、さきほど乗ったけれども、山田運転士は小さな声で抑揚もなくて、お葬式の司会者のようなアナウンスをしていたから、大きな声ではっきりと案内するように指導して欲しいという旨を伝えました。」
基金側弁護士「主席助役に言えば、きちっと指導してくれると思ったのでしょうか？」
課長「はい。営業所でやってくれると思いました。」
基金側弁護士「それは、電話を受けてすぐ、対応せよと言ったのですか？」

課長「いえ、そういう意味ではございません。営業所によって指導の方法がございますので、そこまでは、具体的には、指示はしていません。」

基金側弁護士「葬式の司会のようなという表現についてですが、現在、これはどういうふうに思っていますか?」

課長「当時は、思ったまま感じたままということで伝えたのですけども、いまとなりましては、表現としては、不適切であったというふうに思っております。」

基金側弁護士「この表現を用いたことで、交通局からなんらかの注意などを受けられましたか?」

課長「はい、注意はありました。」

補償基金側の弁護士と課長とのやり取りは、要所を押さえたものだった。明さんのバスに乗ったのは想定通り、「たまたまだった」ということを印象づける証言内容だった。職務乗車証を使わず、一般の乗客と同じように土曜日、日曜日に限り、何度も乗り降りができる「ドニチエコきっぷ」を使ったのは、職務乗車証を借りるのを忘れたためで、あえて身分を隠すためではなかった。さらには、職務乗車証を使わずに添乗指導することは過去にもあり、身分を隠そうなどといった、なんらかの意図があってしたことではない。また「葬式の司会のようなしゃべりかた」という表現については、悪気や相手を貶める意図があったわけではまったくなく、ただそのときに「思ったままに表現」しただけのものだった。しかし、そうした表現を使ってしまったことに関しては、いまとなっては反省しているという。このように、要所をしっかり強調した内容の証言だった。明さんのバスには、意図的に乗車したものではなく、注意の内容も「深く考えずに思ったままに表現した」軽率な言動だったと深く反省している、と裁判官たちに印象づける、基金側のねらい通りのやり取りだった。

次は原告側が反対尋問を行う番だ。さきほどとは違い、課長からは緊張した表情がうかがえた。

水野弁護士「証人は、二〇〇七年二月三日当時は、自動車運転課長でしたね。」

課長「はい、そうです。」

水野弁護士「添乗指導をする場合に、具体的にはどういうふうにやるように、一般的には、示されているのでしょうか?」

課長「どういうふうに、と申しますと?」

水野弁護士「たとえば、本人がちゃんと納得するようにとか。」

課長「添乗記録票につきましては、項目がいろいろあるのですけども、乗った職員が、気がついたことをチェックするわけですけども、その場で運転士にそれを伝えることはございません。

のちほど営業所を通じて、こういうことを注意してください、というふうに指導をするということになっています。」
水野弁護士「そうすると、添乗指導をした場合は、記録を付けて、その添乗指導記録票を営業所に送って、そこで指導をする、ということですか?」
課長「はい、そうです。」
水野弁護士「その場合の指導の仕方ですが、どういうふうに一般的にはやるというふうになっているのでしょうか?」
課長「それは、営業所で指導をするということでございます。こちらで、こうしなさい、というふうな指導は、してございません。」
水野弁護士「でも、指導係がいるのだから、各営業所で指導する場合には、こういうふうに指導しなさいという基本的な方針が、あるのではないですか?」
課長「私も営業所長をやっておりました関係もございますので、その経験も踏まえて申し上げますと、たとえば、営業所には所長もおり、当時ですと首席助役、あとは主任助役もいてございます。それらの者が、本人に話をするというふうなことになろうかと思います。」
水野弁護士「だから、ていねいに指導しなさいとか、本人が納得するように指導しなさいとか、そういうようなことは、言わないですか?」

課長「はい。」
水野弁護士「指導係としては、やり方については関与しないということですか？」
課長「はい。」
水野弁護士「二〇〇七年二月三日の日は、あなたは〝ドニチエコきっぷ〟で乗られたということですね。」
課長「はい。」
水野弁護士「これは土曜日、日曜日に一般の乗客が使用する切符ですね。」
課長「そうです。」
水野弁護士「証人は、この二月三日は、制服でしたか、私服でしたか？」
課長「私服です。」
水野弁護士「乗るときに運転課長だということは名のってないですね。」
課長「名のってないです。」
水野弁護士「乗った後、料金箱付近に乗ったということですが、そうするとちょうど運転手の左奥くらいのところですね。」
課長「そうですね。」
水野弁護士「そうすると運転状況は、よく見えるわけですね。」

課長「はい。」
水野弁護士「単に声だけではなくて、運転操作の仕方とか、乗ってくる乗客に対する対応とか、そういうことも見えるわけですね。」
課長「ただ、当日は、乗ってくるお客様は、いませんでした。」
水野弁護士「職務乗車証は、当日、忘れたということですか？」
課長「前日に持って帰らなかった、ということですね。」
水野弁護士「通常は、公務の場合、職務乗車証を使うのでしょう。」
課長「そういう場合もございます。」
水野弁護士「そういう場合は、使うって……、公務でバスに乗る場合は、職務乗車証を使うのが、原則じゃないのですか？」
課長「原則は、そうだと思います。」
水野弁護士「当日はもともと、バスの運行状況を視察する目的で出かけているのでしょう。」
課長「そうです。」
水野弁護士「なぜ、職務乗車証を使わなかったのですか？」
課長「忘れた、ということです。」
水野弁護士「当日は、節分バスの視察のために出かけるということは、事前にわかっていたわけでしょう。」
課長「はい。」
水野弁護士「運転士は、あなたが運転課長だということも、もちろん知らないし、添乗指導のために乗っているということも知らないわけですね。」
課長「はい。」
水野弁護士「一般的に添乗指導をするときには、どういう乗り方をするのですか?」
課長「基本的には、時間中でありますと、職務乗車証がありますので、それで乗ることが多いと思います。」
水野弁護士「一日乗車券を使ったりして乗る、ということはないですか?」
課長「たとえば、身分を隠すと言いますか、そういうことが必要な場合は、職務乗車証じゃなくてほかの切符を使うことも、それはあろうかと思います。」
水野弁護士「だから、一日乗車券なんかで添乗指導することはあるのですね?」
課長「それは、場合によっては、あろうかと……」
水野弁護士「私服で乗車するというのが、一般的ではないのですか?」
課長「勤務中は基本的には、我々も含めて制服でございますので、それを着て乗りますけど、そういうことでない場合も、あると思います。」

水野弁護士「どういう場合ですか？」
課長「考えられるケースとしまして、あまりいいケースじゃないですけど、たとえば、その運転士が、お客様からお叱りをたくさんいただくというふうなことがございます。そういった場合、職務乗車証を使いますと、これは交通局の職員だということがわかりますので、そうじゃなくて、いわゆる身分を隠してと申しましょうか、そういうことで、普通の切符で乗る場合も出てくると思います。」
水野弁護士「声が小さかったということなのですが、声が小さいとどうして葬式のようなしゃべりかたになるのですか？」
課長「声が小さくて抑揚がなかったものですから、ちょうどそういう司会者のような、あれに……、私は、感じたということです。」
水野弁護士「あなたは二月三日の日、本庁に帰ってすぐに営業所に電話されたのですか？」
課長「たしか、本庁に帰ってからだと思いますけど。」
水野弁護士「首席助役が、電話に出られたのですか？」
課長「ええ、首席助役です。」
水野弁護士「添乗指導記録票を送ってからではなくて、なぜ急いで電話をされたのか。その点は、どうしてですか？」

課長「さきほど申しましたように、土曜、日曜は文書を営業所に送る車がありませんので、少なくとも月曜以降にこの指導記録票が届くことになりますので、タイムラグがございます。私がたったいま見たことですので、そのことを伝えております。」
水野弁護士「さっきの話によると、添乗指導記録票を送って、本人に見せるというか、内容にもとづいて指導するというのが、通常でしょう。」
課長「通常は、そうだと思います。」
水野弁護士「あなたが、急いで電話をされたというのは、重大だというふうに考えたのではないですか?」
課長「そう言われるとあれですけども、気がついたことを電話したい、と思ったということです。」
水野弁護士「課長が直接、営業所に電話してくるというのは異例じゃないですか?」
課長「そんなことは、ないと思います。」
水野弁護士「添乗した結果について直接、電話したということはあるのですか?」
課長「それは、あろうかと思います。」
水野弁護士「具体的に言ってください。」
課長「具体的には、わかりません。」

水野弁護士「何回あるのですか？」
課長「何回と申しますと？」
水野弁護士「あなた自身が、営業所の首席助役に添乗結果について直接、電話して、こういうふうに指導するように、と伝えたようなことは何回あるのか。」
課長「いまは、何回と言われましてもわかりません……」
水野弁護士「具体的には、記憶にないのですね？」
課長「はい。」
水野弁護士「そうすると課長が、直接電話するのは、ごくまれなことだと、例外的なことだということでいいですね？」
課長「まあ、多くはないです……」

はじめからわかっていたことだが、基金側の証人から有利な証言を引き出すのは、困難を極める。しかし、課長の証言から「葬式の司会のようなしゃべりかたはやめるように」という非常識極まりない指導をしたことについては、いまもあまり反省していないことは、その受け答えや表情から読み取ることができた。それは裁判官の心証にも影響を与えたにちがいないと思われた。さらに、本庁の要職にある課長が、わざわざ添乗指導した内容を営業所に急いで電話で伝えたことは、極めて異例なことだということを証言から引き出すことができた。それも裁判官たちに十分伝わったはずで、判断の際に考慮されるにちがいなかった。本庁の運転課長とのやり取りを終えて、水野弁護士は一定の手応えを感じていた。

営業所主席助役の証言

水野弁護士たちが、一定の成果が得られたと感じた本庁運転課長の証人尋問から九日後に開かれた二回目の証人尋問は、野並営業所の首席助役の番だった。本庁の運転課長から直接電話を受けた人物だ。営業所長、副所長、首席助役の三人もが、なんと同じ日に明さんのバスに乗り込み、添乗指導したその当事者の一人でもある。しかも、転倒事故が起きた際、明さんが乗務中のバスだと決めつけたのも、この首席助役だった。だから、この裁判のキーパーソンと位置づけることができる証人だった。この日の証人尋問が判決の行方に大きな影響を与える分岐点になると、誰もが認識していた。どうしても裁判官の心証を有利にする証言を引き出したかった。

まず基金側の弁護士が質問した。

基金側弁護士「あなたは、二月三日にどのようなことがあったのか、ご記憶にありまか？」

首席助役「本庁の自動車運転課長から直接、電話をいただきました。」

基金側弁護士「運転課長さんから電話をもらうということは、珍しいことですか？ よくあることなのでしょうか？」
首席助役「珍しいことです。」
基金側弁護士「その電話の内容ですが、おおむねどういうことですか？」
首席助役「運転課長が、山田明運転士の運転する節分の臨時バスに乗車したところ、車内アナウンスについてですが、声が小さくて抑揚もなく、お葬式の司会者のようなアナウンスでしたので、大きな声でお客様にアナウンスが伝わるように注意しなさい、という内容でした。」
基金側弁護士「そういう指示を受けて、あなたはどういうふうに受け止められたのでしょうか？」
首席助役「私の判断としては、そうたいしたことではないと判断しました。」
基金側弁護士「どうしてですか？」
首席助役「アナウンスの指摘を受けるということは、実際にアナウンスをやっている証拠ですので、私としては、自動車運転課長の主観的な判断によるものだなと思いました。」
基金側弁護士「課長さんからのそういう指示を受けて、あなたはいま、証言いただいたように思ったと。それで、どうしなければならないというふうに考えられましたか？」
首席助役「さきほど申し上げましたが、本庁の課長からの指示でしたので、あまりないことでしたので、職責として忠実に伝えなければならないというのは、思いました。」
基金側弁護士「山田運転士が、どういう性格の運転士かは、把握されていましたか?」
首席助役「そうですね。普段から物静かでおとなしい方だなというふうに思っておりました。」
基金側弁護士「どういう形で、山田運転士に伝達しようと思われたのでしょうか?」
首席助役「彼の性格も踏まえたことと、たいしたことでもないということもあったんですが、事務所に呼び出すことは、あえてしないでおこうと、そのように考えました。」
基金側弁護士「それは、どうしてですか?」
首席助役「おとなしい性格でしたので、不要な心配ですとか、動揺を与えてはいけないということです。」
基金側弁護士「そうすると、事務所に呼んでではなく、なにかの機会に会ったときに話そうとそういうことなのですね。」
首席助役「はい。」
基金側弁護士「具体的には、どういう機会がありましたか?」
首席助役「はい、実際には、階段の途中で彼に伝えました。」
基金側弁護士「それは、当日だったのでしょうか。それとも、その後だったのでしょか?」
首席助役「当日か、翌日だったと思います。」

基金側弁護士「階段で、っていうのですが、そこのときに、あなたはどこに行こうとしていて、山田運転士はどうされようとしていたのか、教えていただけますか。」
首席助役「私が、たまたま二階から一階に階段を下りて行く途中だったのですけども、山田運転士がおそらく、入庫してきたと思うのですが、一階から二階へ上がって行く途中に会いまして、具体的には階段を二段、三段上がったところですれ違いましたので、そこで伝えました。」
基金側弁護士「山田運転士を見かけて、あなたはどうされましたか？」
首席助役「入庫してきたところだと思ったので、山田さん、ちょっとごめんね、お疲れさんだね、というふうに声をかけました。」
基金側弁護士「そしたら、山田さんはどうされましたか？」
首席助役「私に気づいて、止まりました。」
基金側弁護士「同じ段だったのですか、あなたが上だとか下だとか、その記憶はありますか？」
首席助役「山田さんが二段ぐらいで、私が一段上ぐらいの状態です。」
基金側弁護士「それで声をかけられて、続けてなにかおっしゃんですか？」
首席助役「実は明の臨時バスに乗車していた本庁の課長から電話で連絡があったんだよ、と。内容は、アナウンスの声が小さくて抑揚がないと、葬式の司会者のようなアナウンスだった。大きな声で伝えるように注意しておけ、という電話があったのだけど、私としては、たいしたことはない、という判断をしておりましたので、アナウンスの指摘を受けることは、たいしたことではない、あんまりくよくよせず、気にせずに、今後も声が、お客様に伝わるように頑張ってね、という感じで伝えました。」
基金側弁護士「山田さんを引き留めて別れるまでは、どのくらいの時間でしたか?」
首席助役「本当にすれ違いざまでしたので、一分前後です。」
基金側弁護士「さきほど、アナウンスのことをあなたは、おっしゃいましたね。」
首席助役「はい。」
基金側弁護士「それに対して、山田運転士は、どうお答えになったのか、ということなんですけど、どうでしたか?」
首席助役「はい、と言ってそのまま階段を上がって行きました。」
基金側弁護士「山田さんに運転課長の指示を伝えて、あなたが、思われたことはございますか?」
首席助役「そのときは、率直な気持ちは、早く伝えることができたな、という思いがありました。それは、山田運転士が不要な苦情をいただくことのないようにと、お客様が快適に乗車してもらえるように、早いところ伝えなければならないという思いがありましたので、安心したのを覚えています。」

基金側弁護士「そうすると、次の苦情がこれでなくなるなと、そういう思いですか?」
首席助役「はい。」
基金側弁護士「次にユリカカードとベビーカーについてお聞きします。このことは、二〇〇七年五月二日のことなのですが、ご存知ですか?」
首席助役「はい。」
基金側弁護士「あなたが、山田さんを指導されていますね。」
首席助役「はい。」
基金側弁護士「それは、いつですか?」
首席助役「六月九日です。」
基金側弁護士「五月二日に起こったことであなたが、六月九日に指導された。そのことについて、あとでまた聞きますが、それまでどういうことがあったか、あなたはご存知ですか?」
首席助役「そもそも、苦情のお客様からメールで本庁に報告があって、本庁から営業所へ、指導しなさい、という連絡があって、N助役が山田運転士を指導しておりました。」
基金側弁護士「それは、いつのことですか?」
首席助役「五月一六日です。」
基金側弁護士「六月九日の件ですが、山田運転士に対しては、どういう姿勢で指導しなきゃいけないというふうに思われたのでしょうか？」
首席助役「この件についても、山田運転士に具体的に原因ですとか、防止策を考えて指導したいな、ということで、より身近な事柄として捉えてもらえたらな、という思いで指導をしました。」
基金側弁護士「最初にどういう発言というか、切り出したのですか？」
首席助役「身近な事柄として捉えて欲しかったので、山田運転士は、乗り物が好きで、乗り物倶楽部に入っておりましたので、そこから糸口を切り開いていこうと思いましたので、乗り物倶楽部で遠方に旅行することはない？　ということを聞きました。」
基金側弁護士「そしたら？」
首席助役「ありますと。」
基金側弁護士「それで、あなたはどう続けられたのですか？」
首席助役「遠方に出かけて、当然、不慣れな公共交通機関を利用することがありますので、不慣れな交通機関を利用して困ったことってあるのではない？　という感じで聞きました。」
基金側弁護士「山田運転士は、それに対しては、どうだって言っていましたか？」
首席助役「ああ、ありますと。」
基金側弁護士「困った経験があるということなのですね。あなたは、それを聞いてどうしましたか？」
首席助役「当然、不慣れな交通機関を利用して、困れば不安だったでしょう、と。どうしていいか、わからなかったでしょう、と聞きました。」
基金側弁護士「そういうあなたの発言に対して山田さんは、どんな受け答えだったのでしょうか？」
首席助役「不安になることがある、ということだったので、私がこのお客様も明と一緒のように不安だったのじゃない？　困ったのじゃない？　我々、一見すると乗り慣れたお客様ばかりが乗っているように見えるけれども、なかには、我々からはわからないですけど、不慣れなお客様も乗っているので、すべてのお客様が、安心、快適に利用していただくためにも、すべてのお客様によりよい接客をしなければいけない、ということを伝えました。」
基金側弁護士「あなたが伝えようとしたことは、安心して気持ちよく利用していただくような接客をしてちょうだい、とそういうことなのですね。」
首席助役「はい。」
基金側弁護士「山田運転士は、あなたの気持ちは理解されたようでしたか？」
首席助役「はい、素直に聞き入れているような感じでした。」
基金側弁護士「山田運転士が書いた添乗レポートを受け取って、どうされましたか？」

首席助役「添乗レポートを当然、読みました。」
基金側弁護士「そのとき、山田さんもそばにいたのですね？」
首席助役「はい。」
基金側弁護士「読んで、あなたはどうされましたか？」
首席助役「よく反省しているね。心を切り替えて前向きな内容でしたので、これからも引き続き頑張ってね、ということを伝えました。」
基金側弁護士「それを聞いて山田さんは、何か言われましたか？」
首席助役「笑みを浮かべながら、はいと答えました。」
基金側弁護士「そのときのことであなたとしては、印象に残っていることはございますか？」
首席助役「正直言いまして、私は運転の経験がないので、運転士を指導するのは非常に不安なのですけど、なかなか運転士の気持ちになれないですけども、私の言ったことを聞いて素直に反省して、真剣に反省している内容だったので、とても感激したのと、たまたまこの日は、私の誕生日だったので、ああ、いい誕生日プレゼントを持って来てくれたな、というのをいまでも強く覚えています。」
部下が持ってきた反省文が自分の誕生日プレゼントに思えたとは、私には、とってつけたような美談話としか思えなかった。首席助役は、たしかにそう証言した。しかも、運転手への指導には不慣れで、自信がなかったが、素直に自分の意見を聞き入れてくれた明さんに感激すらしたというのだ。あまりにもできすぎた話だ。裁判官は、このやり取りをそのまま素直に受け取れるのだろうか。助役の鮮明すぎる記憶にも違和感を覚えた。

基金側の弁護士の質問は続いた。

基金側弁護士「次に転倒事故の件についてお聞きします。事故の報告を受けて、あなたはN（助役）さんに何か指示をしましたか？」

首席助役「まず、一報を受けたのは、事故の有無について受けたのですけども、その後に事故を起こしたバスを担当する運転士が特定できないという報告を受けました。」

基金側弁護士「営業所としては、まず最初には、運転士が誰か、というのを特定する。これから入るのですね。」

首席助役「はい。」

基金側弁護士「営業所としては、運転士を特定するために、まず最初に何をされたか、もしご存知であれば、教えてください。」

首席助役「お客様の証言によると、滝子のバス停留所を一一時半前後に乗られた、ということでしたので、滝子発一一時三三分のダイヤを担当していたE運転士に事情を聞きました。」
基金側弁護士「その結果、どのような報告を受けられましたか?」
首席助役「E運転士は、そもそも滝子から乗車されたお客様がいなくて、車内で転倒事故もなかったと。転倒なさったお客様は、女子学生が多数乗車されていた、ということを証言されていたようなのですが、E運転士は、車内は混雑した状況ではなかった、ということを言っている、という報告でした。」
基金側弁護士「E運転士は、滝子では誰も乗ってこなかったと言っていたのですね。」
首席助役「はい。」
基金側弁護士「それが正しいのか、の検証はされましたか?」
首席助役「これは助役がしましたが、乗客調査表というセンサーで乗降客を確認する装置があるのですけども、乗客調査表で確認をしたと。そうしたところ、滝子から乗車されたお客様はいなくて、車内状況も混雑したものではないということを聞きました。」
基金側弁護士「そうするとE運転士ではない、というふうになったわけですね。」
首席助役「はい。」
基金側弁護士「そうなってくるとまた、振り出しに戻るのですが、次に野並営業所では、どうされたのですか?」

首席助役「これは、私の指示なのですけども、私としては何か手がかりが欲しくて、市バスの車両形態というのはいろいろありますので、複数種類の車内の写真を撮って、実際にお客様にご覧いただいて、何か手がかりがないか、聞いてきなさい、と指示しました。」
基金側弁護士「複数の種類の車内の写真を撮ったのですね。」
首席助役「はい。」
基金側弁護士「その後、撮った写真は、どうされましたか？」
首席助役「転倒なさったお客様にご覧いただきました。」
基金側弁護士「車両を確認して、どういう型のバスだと言われたのでしょうか？」
首席助役「結論から言うと、ＮＨ型の車両バスだとわかりました。」
基金側弁護士「乗車時刻についても再度、聞かれたようなことはありましたか？」
首席助役「ええ、乗車時刻については、一一時半前後ということをおっしゃっておられたんですけども、たまたま知り合いの男性の方が、転倒したときに介助してくださったので、申しわけないけども、時刻については、自信がないので、介助してくださった男性の方に確認して欲しい、ということを言われました。」
基金側弁護士「男性は、どういう証言をされたのでしょうか？」
首席助役「事故のあったことを説明したところ、金山発の一〇時二三分のバスを利用していますと、私は毎日、このバスを利用してここに来ているので間違いありません。きょうもこの一〇時四五分にI整形外科で待ち合わせしたのも、それだから指定したのだということでした。車両型式の写真についてもお見せしました。」

基金側弁護士「それで、営業所に帰って、その証言された車両を調べましたね。どういうことが、わかりましたか?」

首席助役「金山発一〇時二三分で担当されたのは、山田運転士だったこと。車両型式も証言で得られたのと同じNH型だったということがわかりました。」

基金側弁護士「山田運転士にあなたは、最初にどういうことをおっしゃいましたか?」

首席助役「当然、事故のことを話したのですけども、五月二八日に車内転倒事故が発生しているのだ、と。転倒なさったお客様や介助してくださったお客様の証言によると金山発一〇時二三分のバスが該当するのだけど何か思い当たることはない? 何かあったら教えてよ、という感じで話しました。」

基金側弁護士「それに対して山田さんは、どう答えましたか?」

首席助役「車内転倒事故を起こしたことはありません。実際に転倒なさったお客様から申し出があったわけでもなく、ほかのお客様からも指摘を受けたことはなかったので、転倒事故はなかったですよ。ですけども、僕が運転する時間帯であれば、そうでしょう、ということで、認められました。」
基金側弁護士「それに対して、あなたは何か言いましたか?」
首席助役「実際に覚えていないということで、転倒なさった方と介助された方も運転手さんは気づいていなかった、ということをおっしゃっていたので、明も多分、気づいていなかったのではないか。気づいていないのも無理はないけども、実際にこの時間帯に事故が起きているのは確かなので、交通局としては、指導しないといけないのだよ、ということを説明しました。」
基金側弁護士「転倒した女性と示談を交わしていますが、この示談をすることと、山田さんが、お亡くなりになったこととは関連がありますか?」
首席助役「それは、関係ないです。六月一三日に転倒なさったお客様が示談を申し入れられて、その示談を交わすのは、夕方六時ぐらいだったのですけど示談を交わすということになった時点では、我々は山田さんが亡くなったことをまだ知らなかった。だからそれは、まったく関係ないです。」

明さんに降りかかった三つのトラブルのすべてに関わっていた首席助役の証言は、実に理路整然としていた。疑問点を一つひとつていねいに埋めていく、そんな作業をしているようにも思えた。
ただ証言から浮かび上がる誠実で冷静・沈着、部下思いの上司ぶりは完璧すぎて、かえって違和感を覚えるものだった。部下の指導にしろ、事故処理にしろ、瑕疵は感じられなかった。それは傍聴した誰もが感じたことだろう。

「もしかしたら、証言の内容ができすぎていて、逆に裁判官には印象が悪いのではないだろうか？」

と、そんなことを口にする傍聴者さえいた。

攻防

水野弁護士が質問する番になった。さきほどまでの証言から、矛盾やほころびを見つけだせるのか、あるいは新たな重要な証言を引き出せるのか、私たちは固唾を呑んで見守った。

水野弁護士「本庁の運転課長であるM運転課長による添乗指導についてお聞きします。山田明さんにM課長からの電話の内容を伝えたのは、何日の何時ごろですか？」
首席助役「当日か翌日です。時間は、覚えていません。」
水野弁護士「あなたは、早く伝えなければ、というふうに思ったのでしょう。」
首席助役「はい。」
水野弁護士「では、当日じゃないですか？」
首席助役「記憶にないです。」

水野弁護士「二月三日の当日、山田さんは、何時ごろ車庫に帰りましたか？」
首席助役「記憶にないです。」
水野弁護士「あなたは、山田さんが営業所に戻ってきたら、なるべく早く伝えようと思ったんじゃないですか？」
首席助役「はい。」
水野弁護士「それじゃ、二月三日じゃないですか？」
首席助役「当日か翌日かは、いまとなってはまったく記憶にないです。」
水野弁護士「どうして、そんなことが記憶にないのですか？」
首席助役「わからないです。」
水野弁護士「本庁の運転課長であるM運転課長からの電話の内容の確認ですが、葬式の司会のようなしゃべりかたはやめるように、という言葉はありましたか？」
首席助役「はい、葬式の司会のようなアナウンスだったと……」
水野弁護士「注意しなさい、というふうにも言われたのですね。」
首席助役「はい。」
水野弁護士「あなたの陳述書によると休みの日にもかかわらず、本庁の課長が、直々に営業所に電話してきたため、職責として本人に指摘を忠実に伝えなければならないと感じました、とおっしゃっていますね。」
首席助役「はい……。」
水野弁護士「運転課長が、直々に営業所に電話してくるというのは、珍しいことだ、とおっしゃったのですね。」
首席助役「はい。」
水野弁護士「年に一回ぐらいですか？」
首席助役「回数は、めったにないです。」
水野弁護士「めったにない記憶？」
首席助役「はい。」
水野弁護士「休日に課長が、出勤するということも異例だなと思ったのですか？」
首席助役「はい。」
水野弁護士「あなたとしては、非常に重要な課長からの注意事項だと思ったのですね。」
首席助役「はい。」
水野弁護士「しかしあなたが、山田さんに伝えたのは、階段のすれ違いざまに伝えたということですか？」
首席助役「はい。」

水野弁護士「あなたは、山田明さんの上申書というのが、パソコンの中から見つかったことは、知っていますか？」
首席助役「はい。」
水野弁護士「それは、読まれましたか？」
首席助役「一度、読みました。」
水野弁護士「読んで、山田明さんが、大きなストレスを感じているということは考えませんでしたか？」
首席助役「感じませんでした。」
水野弁護士「二〇〇六年一〇月二七日に所長と副所長、首席助役の三人が、同じ日に添乗したことは知っていますか？」
首席助役「当時は知りませんでしたけれど、このことをきっかけに知りました。」
水野弁護士「所長とか副所長、首席助役の顔は当然、運転士は知っていますね。」
首席助役「知っています。」
水野弁護士「同じ日に三人のいわば、職制がそろって、山田さんの運転するバスに乗っているのですが、なぜ、そんなことになったのですか？」
首席助役「それは、わかりません。たまたま、偶然です……」

水野弁護士「たまたま、偶然だと?」
首席助役「そうです……」
水野弁護士「運転士は、全員でさっき一五〇人とおっしゃった。」
首席助役「一五〇人前後だと思います。」
水野弁護士「一五〇人いる運転士に、たまたま職制三人が同じ日に乗ったということですか?」
首席助役「そうです……」
水野弁護士「添乗された運転士は、何か疑問に思うというようなことは、考えなかったですか?」
首席助役「それは、わかりません……」

証人尋問が行われる前に、勇さんと弁護団、支援者たちが話し合った際に、営業所の幹部三人が、同じ日に添乗指導のために明さんのバスに乗り込んだ不自然さを浮き彫りにするには、どのような質問の仕方が有効なのかを検討したのだが、ここまではそのシナリオどおりの展開だった。

岩井弁護士が水野弁護士に替わって質問した。

岩井弁護士「二〇〇七年五月二日に届いたメールについてお聞きします。苦情があった場合、ほかの運転士のバスに添乗する、という指導のやり方は、よくあるやり方なのですか?」
首席助役「苦情を受けた乗務員が、ほかの乗務員に添乗するということですか?」
岩井弁護士「ええ。」
首席助役「それは、頻繁には、ないです。」
岩井弁護士「どのくらいの頻度で行われる指導の方法なのですか?」
首席助役「それは、わからないです。」
岩井弁護士「年に数回とか、月に二、三回あるとか、週に一回はあるとか?」
首席助役「月に二、三回とか、そんなレベルでは、なかったと思います。」
岩井弁護士「そんなにもない?」
首席助役「はい、ちょっと記憶にないです。」
岩井弁護士「苦情のうちではどうですか? 苦情がいろいろあって指導があったなかで、添乗までしなさい、という指導になるのは、どのくらいの割合なのですか?」
首席助役「割合は、わからないです。記憶にないです。」
岩井弁護士「大まかでいいのですが、時々はあるという印象なのか、非常に珍しいなという印象なのか、それはどうなのですか?」
首席助役「珍しいな、という感覚でした。」

岩井弁護士「次に転倒事故のことについてお尋ねしていきます。E運転士ではないという判断をしたということですね。」
首席助役「はい。」
岩井弁護士「乗客調査表では、滝子から乗った人がいないので、E運転士ではないだろうということだったのですね。」
首席助役は、この質問には言葉では答えず、小さく頷いただけだった。
岩井弁護士は資料を首席助役に指し示した。「乗客調査表」だ。
岩井弁護士「これは、その後の調査の中で、書面で出てきたもので、標題に『二〇〇七年五月二八日金山一六号系統《乗客調査表》』とありますね。」
主席助役「はい。」
岩井弁護士「当時、あなたは、こういうものを一切、見ていないわけですね。」
首席助役「はい。」
岩井弁護士「助役が、どの乗客調査表を取り寄せたか、どれを確認したのかも、Eさんの以外は、わからないということですね。」

首席助役「はい。」
岩井弁護士「あなたは、転倒されたという女性にお会いになったことがありましたね。」
首席助役「はい。」
岩井弁護士「乗った時間というのですかね、それは確認したのですよね。」
首席助役「誰が、誰にですか？」
岩井弁護士「あなたか、もうひとりの方が、その女性の方に確認しましたよね。お会いしたときに。」
首席助役「はい。」
岩井弁護士「一一時三〇分前後と言っていた、とさきほどおっしゃいましたよね。」
首席助役「はい。」
岩井弁護士「あなたが、お会いになったときも、一一時三〇分前後ということは、その女性は、言っていたわけですよね。」
首席助役「どういったことをおっしゃったのか、いままでは記憶にないのですけども、覚えているのは、私を介助してくださった知り合いの男性がいらっしゃるので、その方に時間については、自信がないので、確認して欲しい、ということをお聞きしました。」
岩井弁護士「どうして、自信がないのか、については、なにか説明していましたか？」

首席助役「とくにないです。」
岩井弁護士「I整形外科に行って、介助したという男性の方に確認したときのことについて聞きます。その方は、一〇時二三分のバスだと、おっしゃったということでしたね。」
首席助役「はい。」
岩井弁護士「その男性とお話しになったのは、どのくらいの時間だったのですか?」
首席助役「はっきり覚えていませんが、一〇分、一五分ぐらいだと思います。」
岩井弁護士「この男性のご自宅がどこか、聞かれましたか?」
首席助役「自分は、聞いていません。」
岩井弁護士「お仕事の場所はどこかは、聞かれましたか?」
首席助役「聞いていません。」
岩井弁護士「なぜ、毎日バスに乗っているのかと言うことは、お尋ねになりましたか?」
首席助役「聞いていません。」
岩井弁護士「どうしてその時間帯に、I整形外科に行くバスに乗っているのかというのは、聞きましたか。もっと早くでもなく、もっと遅くでもなく、一〇時二三分であるという理由について。」
首席助役「それは、聞いていないです。」

水野弁護士の聞き取り調査ですでに明らかなように、女性を介助した男性の勤務先は金山バスターミナル側にあり、そして自宅はＩ整形外科がある場所を挟んで反対側にある。だから毎日、金山発午前一〇時二三分のバスに乗る、という男性の証言は不自然極まりなかった。首席助役は、そのことを知っていたと答えるわけにはいかない。男性の住所を聞いていたと答えれば、その行動の不自然さを把握していたことになる。この矛盾を突かれないためには、「聞いていない」、「知らない」と答えるほかなかった。しかし、男性の証言は、転倒事故を起こした運転士を特定するためのカギだ。その自宅や、なぜその時間に毎日バスに乗る必要があるのかを確認していないということは、市側が行った調査がいかに杜撰なものだったかを裁判官に印象づけることは間違いなかった。なお、男性は水野弁護士に夕方病院に行くと答えている。金山バスターミナルの近くにある職場で仕事を終え、帰宅途中に病院に立ち寄る、と考えるのが自然なのだ。

岩井弁護士「山田さんは、自分は転倒事故を起こしたという自覚は、まったくないという話だったのですね。」

首席助役「はい。」

岩井弁護士「山田さんは、自分が運転するバスの混雑状況については、どう言っていたのですか？」

首席助役「混雑状況については、とくに言っていないと思います。ちょっと、記憶にないです……」

岩井弁護士「あなたは、被害にあわれたという女性のケガが、どの程度の治療期間なのかということを確認しなさい、とそういう指示を出したことはありますか?」

首席助役「誰に、ですか?」

岩井弁護士「あなたの下の助役にです。」

首席助役「それは、記憶にないです。」

岩井弁護士「治療期間が、いつからいつまでだったのか、確認をしましたか?」

首席助役「それも、記憶にないです……」

岩井弁護士「事故と市への申し出の期間が少し開いていたようなのですが、本当にこの女性が、事故でケガをされたかどうか、というのは、どうやって確認をしたのですか?」

首席助役「それはご本人から、運転課の本庁のほうへ連絡があって、申し出があったので、具体的にその人がどうかという認識というか、そういった確認はしていないです。」

予想していたとおりだった。この裁判の行方を左右しかねないキーマンの証言は、核心部分になると「記憶にない」の繰り返しで、そこから矛盾やほころびを見出すことは難しいと感じられた。しかし、基金側の弁護士には、すらすらとその記憶のよさを披歴していた主席助役が、一転、「記憶にない」を繰り返すのは、なんとも不自然に感じられた。裁判官がそれをどう聞き取ったか、裁判官の心証に期待するほかなかった。いずれにしても、基金側の証言者から真実を引き出す難しさは、組織を相手どった訴訟に共通のものがあるといえよう。

元同僚の証言

基金側が申請した証人への尋問はこれですべて終了した。続いて原告側の証人尋問が行われた。

証言台に立ったのは、明さんの職場の同僚だった男性である。時には明さんの家に泊まりに来たり、一緒に酒を飲みに行く間柄だった。にもかかわらず、男性は当初、証言台に立つことを躊躇していた。裁判で職場に不利な証言をすれば、今度は自分が目を付けられることになりかねないからだ。大きなリスクを自ら抱える必要はない、できることならこの裁判とは関わらないほうがよい、家族もいるのだから自分を大切にしたほうがよい、そんな助言を熱心にしてくれる同僚もいたという。しかし、職場からは協力者が誰ひとり現れず、苦労をしている勇さんの姿をずっと見てきたし、水野弁護士からも「なんとか力になってもらえないか」と粘り強く説得され、「自分にできることがあるのなら……」と意を決して、証言台に立つことを決めたようだ。

だが彼も、どうして明さんがハラスメントを受けることになったのかなど、詳しいことは本人から打ち明けられてはいなかった。
まず水野弁護士が質問した。

水野弁護士「山田明さんとは、顔見知りということですが、どんな関係でしたか?」
元同僚「先輩、後輩の関係でした。」
水野弁護士「一緒に飲みに行ったりしたことはありましたか?」
元同僚「はい。」
水野弁護士「山田さんの家に泊まったこともありましたか?」
元同僚「はい。」
水野弁護士「何回ぐらいありましたか?」
元同僚「二回ほどあります。」
水野弁護士「どういうときに、山田さんの家に泊まったのですか?」
元同僚「酒を飲んだあとに泊まりました。」
水野弁護士「お酒を飲んだことのほかに、一緒に催し物に参加したということは、ありますか?」
元同僚「はい。」

水野弁護士「どういうことに参加されましたか?」
元同僚「飲み会やバーベキューです。」
水野弁護士「飲み会というのは、誰と飲み会をするのですか。運転士仲間か、それともほかの……」
元同僚「いえ違います。女性を連れて、いわゆる合コンみたいな感じです。」
水野弁護士「山田さんも将来は、結婚しようとも考えておられたのですか?」
元同僚「はい。結婚したいと言っていました。」
水野弁護士「上司に対する対応ですが、はっきりものを言う人だったのか、それとも、そうではないのか、どうですか?」
元同僚「はっきりとは、ものを言わないほうだと思います。」
水野弁護士「どうして、そういうことが言えるのですか?」
元同僚「無理やり仕事をやらされていましたので、僕から見ても……」
水野弁護士「突然の運転交替なんかのときに、断れないという、そういう性格だったということでよろしいでしょうか?」
元同僚「はい、そうです。」
水野弁護士「山田さんの話し声について、何か印象に残っていることはありますか?」

元同僚「しゃべっていてちょっと聞こえにくくて、聞き返すことがありました。」

ここまでの質問は、証人が明さんとどの程度親しい間柄であったのかを、裁判官に理解してもらうことが主眼だった。証人と明さんは、異性関係についても、ざっくばらんに話せる関係だったようだ。

質問は核心の部分に移る。

水野弁護士「山田さんが自殺された前日の二〇〇七年六月一二日の夜のことについてお伺いします。山田さんが、自殺された前日の六月一二日の夜、山田さんに会ったことがありますか?」

元同僚「はい。」

水野弁護士「何時ごろですか?」

元同僚「私が乗務を終えて上がってきたのが、午後八時半か七時半か、どちらかだと思います。」

水野弁護士「上がってきたというのは、どこへ上がって来たということですか?」

元同僚「点呼を受け、二階が駐車場なので、そちらに向かってきました。」

水野弁護士「あなたが、二階に上がってきたときに、山田さんはどこにいたのでしょうか?」

元同僚「休憩室の長椅子にいました。」

水野弁護士「どんな様子でしたか。どんな姿勢でしたか?」

元同僚「下を向いて、背中を曲げているような状態でした。」
水野弁護士「あなたは、何か声をかけましたか？」
元同僚「はい……」
水野弁護士「どういうふうに声をかけたのですか？」
元同僚「どうしたの？　という感じで、普通どおり、いつも通りの感じで……」
水野弁護士「山田さんは、どうでしたか？」
元同僚「いや、まあまあ……、という感じで、理由は述べられませんでした。」
水野弁護士「顔色とか声の調子だとか、普段と見てどんな様子でしたか？」
元同僚「かなり落ち込んでいる感じで、それは見て間違いない、すぐに察して何かあったのだろうな、というのは、察しました。それぐらい、落ち込んでいたと思います。」
水野弁護士「あなた自身、この転倒事故の運転士が誰だ、ということで、野並営業所の運転士が、責任を追及されているというか、質問を受けているという現場を見かけたことはありますか？」
元同僚「はい。」
水野弁護士「誰が追及というか、詰問されていたのでしょうか？」
元同僚「E運転士です。」

水野弁護士「それは、誰から言われたのですか？」
元同僚「上司に当たる助役さんです。」
水野弁護士「どこで、そういうことをされているのを見かけたのですか？」
元同僚「点呼場のところで、ちょうど言い合いをしていました。」
水野弁護士「どういうふうに言い合いをしていたのですか？」
元同僚「おまえ、調べたら転倒事故を起こしたのは、お前のバスだから、お前が判子を突けと。その運転士さんは、そんな……バス車内で乗客が倒れればわかるし、身に覚えありません、と断ったのですけど、判子をお前がつけば、局の処分は、なくしてやるって言われていました。」
水野弁護士「そうすると、かなりきつい言い方だった、ということですか？」
元同僚「はい、そうです。」
水野弁護士「転倒事故であなたは、バスの運転士としていろいろな人が疑われているということは、当時うわさとして、聞いていましたか？」
元同僚「はい。」
水野弁護士「何人ぐらい疑われていた？」
元同僚「私は、E運転士とK運転士とは仲がよく、本人から聞きました。それでE運転士は、言われているのを直接、耳にしましたので、あと一人か二人が、野並営業所で疑われていると。

あと御器所営業所でも一人、疑われていると聞きました。」
水野弁護士「それでは、山田さんは、最初には、疑われてはいなかったのですか？」
元同僚「はい。」
水野弁護士「証人が山田さんと会われた六月一二日の夜、山田さんと会われた後、山田さんから電話がありましたか？」
元同僚「はい、ありました。」
水野弁護士「何時ごろでしたか？」
元同僚「午後一一時四〇分に電話がありました。」
水野弁護士「午後一一時四〇分ですね。」
元同僚「はい。」
水野弁護士「どのくらい電話で話しましたか？」
元同僚「五分ないし、一〇分くらいです。」
水野弁護士「どういうやり取りが、あったのでしょうか？」
元同僚「この時間に電話がかかってくることはめったのないのですけど、かかってきたので出ましたら、山田さんで『どうしたの？ こんな時間に』という会話をしました。」
水野弁護士「山田さんは、どう言っていましたか？」

元同僚「いや、別に、と言っていました。」
水野弁護士「中身は、言わなかった？」
元同僚「そうです。」
水野弁護士「山田さんとやり取りしたときの印象は、どのようなものでしたか？」
元同僚「すごい、落ち込んでいるような感じで、何か言いたいことがあったのでしょうけれど、その時点で僕は、転倒事故が山田さんの責任になったというのは知っていましたけど、後輩の立場もありますし、そこには触れませんでした。」

元同僚の証言内容は、水野弁護士にとって満足いくものだったのではなかろうか。基金側の弁護士による反対尋問はごく簡単なものだった。
裁判官から質問があった。

裁判官「やり合っていた相手は、どなたですか？」
元同僚「いまも主任助役でいるので、これ僕が、言うとまた、目を付けられるのですけど……、言わないとだめですか？」
裁判官「言いたくない、ということでよろしいですか？」

元同僚「はい。また、イジメられるといけないので……」

この答えには、支援者たちで満員の傍聴席から失笑がこぼれ、「よく言った」という声まで飛んだ。

元同僚の証言からは、首席助役の証言とは対照的に、転倒事故の犯人探しがかなり強権的に行われていたこと、職場では職制による締めつけが強く、労働者たちが委縮している様子が垣間見られた。

裁判官にもそれは伝わったはずだった。

父親の証言

最後に証言台に立ったのは勇さんだ。少し緊張気味の勇さんに、水野弁護士が質問を始めた。

水野弁護士「雅子さんの陳述書によると、『会社で初めて大好きなバスを運転する仕事に就いたことで、いままでの仕事とは違って、普通に会話ができるようになって、活きいきとした感じで、とてもうれしそうに見えました』、と述べておられますね。お父さんの目から見ても、そうでしたか？」

勇さん「はい。その通りです。喜んで一緒にお酒を飲んだこともありました。」

水野弁護士「運転士の仕事は合っていた、ということですか？」

勇さん「はい、そうです。」
水野弁護士「名古屋市バスの運転手の試験は、何回か受けられましたか？」
勇さん「三回目に合格したと思います。」
水野弁護士「三回目で合格したときは、どんな様子でしたか？」
勇さん「非常に喜んでいました。」
水野弁護士「家族でお祝いもされたのですか？」
勇さん「はい、公務員だからって、喜んでいました。」
水野弁護士「亡くなられる前に、家に来たときに何か、悩みを打ち明けるようなことはありましたか？」
勇さん「そういうことは、なかったです。」
水野弁護士「まったくない？」
勇さん「はい。」
水野弁護士「警察のことを聞きます。明さんは以前、鍵が壊れた自転車に乗っていて、窃盗犯人扱いをされたというような事件がありましたか？」
勇さん「はい、ありました。」
水野弁護士「どんな事件でしたか？」

勇さん「壊れた鍵を使っていて、警察に犯人扱いされて、パトカーに乗せられて相当、犯人扱いされたようで、家に来て、派出所に怒りの電話をかけていました。」
水野弁護士「両親に、その事件のてん末を報告したけれど、気持ちが収まらなくて警察に電話をしたということですか？」
勇さん「はい、それからは、警察を目の敵のようにして、些細なことでも、警察がすることには、気に食わなかったようです。」
水野弁護士「明さんは、おとなしい性格だそうですが、間違ったこととか、正義感はどうですか。強いほうですか？」
勇さん「正義感は強くて、中学のときにいじめられていた子を助けた、と言って自慢していました。」
水野弁護士「この事件で、審査請求の裁決書に、明さんは、過去に類似の事故の経験もあって、警察での事情聴取を受けているとして、警察に出頭したことは、ストレスにならなかったように裁決書には、述べているのですが、山田さん自身は、どういうふうに考えますか？」
勇さん「いや、そんなことは、絶対にないと思います。」
水野弁護士「自殺直後のことで、確認なのですが、明さんは自殺直後、ドクターヘリで中京病院に収容されましたね？」

勇さん「はい。」

水野弁護士「病院に駆けつけたときには、話はできましたか？」

勇さん「少し、しゃべることができました。」

水野弁護士「どういう会話を交わしましたか？」

勇さん「どうした？　と言ったら、いまは痛くてもうしゃべられない、とか言って、とにかく痛くてしょうがない、延命措置はしなくていい、自分でやった、ということだけは病院で本人から聞いております。あとは、もうしゃべられませんでした……」

水野弁護士「この裁判でGさんという職場の人が、あなたが明さんに最後に言うことはないか？と話しかけたら『あなたには話したくない』というふうに言われたと、そういうふうに聞いていると陳述書に書いているのですが、そんな事実はありますか？」（営業所の主事が裁判所に提出した陳述書のなかに、勇さんから聞いた話として記述されていた）

勇さん「いや、そんなことは一度も聞いたことがありません。」

基金側の弁護士が質問を始めた。

基金側弁護士「就職してから、自宅から会社に通われたということは、ありましたか？」

勇さん「二年ほどあると思います。」
基金側弁護士「そうすると、卒業されてからは、二年ほど自宅で同居されたけれど、それ以外は、寮にいたり、二〇〇二年からは、新築した自分の家にいたりしたということですか？」
勇さん「はい。」
基金側弁護士「自宅を購入されてから、ご両親との行き来ですが、どんな感じでした？毎日、電話をするとか、一か月に一度、会うとか、そういうふうな感じでお聞きしたいのですが、どういう交流をされていましたか？」
勇さん「用がなければ、行かなかったですね。」
基金側弁護士「明さんも用がないとご両親には、連絡はないし、ご両親からも明さんに用がなければ、連絡しない、と。」
勇さん「はい、そういう関係でした。」
基金側弁護士「用があって、明さんと連絡を取り合うのは、年に何回とか、月に何回とか、週に何回とかあるのですか。どんな感じでしょう？」
勇さん「うちの夫婦の誕生日とかは、わりと来て、お酒なんか飲んでいました。」
基金側弁護士「どの程度の頻度で、会われていましたか？」
勇さん「そのときは、ほとんど自分で旅行なんかが好きで、行っていたので、二〇〇七年ごろは、半年に一回ぐらい、こちらから訪ねることが、多かったです。」

基金側の弁護士の質問は、親子の付き合いの程度を質して疎遠を印象づけ、だから親の主張には根拠がない、「あまり会っていないのだから、息子がなにかプライベートで悩みやトラブルを抱えていてもわからないはずだ」と言わんばかりのものだった。自立した大の大人だ、親といつまでも親密に付き合っているほうがむしろ不思議だと私は思うが、裁判官はどう判断しただろうか。

二日にわたった証人尋問は、こうして幕を下ろした。

水野弁護士は、ここまでできるかぎりのことはしてきたし、証人尋問からも事件の真相を明らかにする証言がある程度得られたと感じていたようだ。

だが、交通局や営業所の職員の証言から、明瞭な矛盾やほころびを引き出すことはできなかったことも事実だった。しかしたとえば、三人もの職制が、しかも同じ日に添乗指導したのは偶然だと証言しているが、裁判官は、それは不自然だと感じたにちがいない。水野弁護士たちがよく話し合い検討を重ねた成果は出ていた、と私は感じた。

裁判の帰趨は、結局、裁判官が証拠や証言の信ぴょう性をどう判断するのかにかかっている。だが同時に、判決は人間が下すものだ。とくに労働災害や公務災害の訴訟では、担当する裁判官の世界観が判決に大きな影響を与えるという指摘もある。今回の明さんの訴訟でも、当該の裁判官が、どのような労働観や社会観、人生観を持っているかによって、判決内容が左右されることは十分にありうることだった。

労基署で労災が認められなかったときの行政訴訟の場合でも、時間外労働（残業）の時間数というある種の判断基準が確立している脳・心臓疾患に係る過労死と精神障害に係る自殺とでは、大きな違いがある。過労死の場合にも、もっぱら残業時間が問題になって、他の要因が軽視されるという指摘もあるが、業務による強い心理的負荷が原因の自殺については、被災者個人が置かれた立場や状況が十分に斟酌された判断がなされているとは言えない。このことは公務災害についても言いうる。したがって、判決の行方は文字通り見通せなかった。だが、水野弁護士はもちろんのこと支援者たちもある種の手ごたえを感じていて、勝利を確信していた。

こうして、山田明さんの公務災害の認定を求めた名古屋地裁での裁判は、二日にわたった証人尋問で大きな山場を越えた。今回の証言から裁判官がどのような心証を得て、明さんが焼身自殺にいたった原因をどのように判断するか、判決が待ち遠しかった。

一審敗訴

二〇一五年三月三〇日、名古屋市内はよく晴れていた。桜が満開で、心も沸き立つような気候だった。この日に八年間の闘いにひとつの答えが出されることになっていた。

本書の冒頭でも述べたが、私にとって、ひとつの問題をこれだけ長期間わたって取材したことは、初めての経験だった。これまでは、結論が出る数か月前から取材に入るか、早い段階からから取材を始めたとしても、もっと早く結論が得られる例がそのほとんどだった。加えて、山田明さんの事件では、真相がまだあまりわかっていないときから取材を始め、水野弁護士たちと隠されてきたさまざまな事実を一緒に掘り起こしてきたという、これまでになかったまったく新しい経験の連続だった。隠された真相の扉をこじ開け、真実を明らかにするためには、どれほど粘り強い取り組みと高い調査能力が必要かを思い知らされた経験でもあった。

この日を迎えるまでに八年という歳月が過ぎている。山田さん夫妻も歳をとった。勇さんは七五歳、雅子さんは七四歳になっていた。勇さんは、変わらずヘビースモーカーで、病院通いが欠かせなかった。タバコはやめるようにと医者からは強く求められているのだが、「これくらいの楽しみがなければ、やっていられない」とまったく気に留める風はなかった。

雅子さんは膝を痛め、リハビリに努めているが、杖を手放すことができない。白髪も増えた。公務災害認定の申請や裁判など、気の休まることはなかった。雅子さんにとってこの八年は、明さんと常に向き合い、思い出と後悔や怒りがない交ぜになった思いを抱えて過ごしてきた日々だったにちがいない。

朝、お二人は、明さんの仏壇に手を合わせた。

勇さんは、「これまで長かったけれど、やっと判決の日を迎えることができた、という感じです。なんとか公務災害を認めてもらえると、気分一新できるのだけどね」と、万感の思いを込めてしみじみ語った。それを信じて、この日の朝を迎えたにちがいない。高齢の身には厳しいことも山ほどあったが、慣れない署名活動にも励み、力を尽くしてきた。すべては息子の無念を晴らし、その死を無駄にしないためだった。その努力が報われて欲しい、とただそれだけを願っているように見えた。

雅子さんは「朝、仏壇に水を供えて、チンチンとやって、明、おはよう、きょうはよい知らせがあるといいね、って話をしました」と言い、少し微笑んだ。真相追及の場所が裁判所に移されてからは、雅子さんはこの闘いから身を引いていた。だが、その推移を気にかけ見守ってきた。当たり前だ。かわいい息子を亡くしたのだ。しかも、惨い焼身自殺というかたちで亡くしたのだ。判決の日を誰よりも心待ちにしていたのは、実は雅子さんだったのかも知れない。この日、私にはそう感じられた。

しかし、雅子さんは判決を裁判所で直接聞きたくはないという。「聞きたいという気持ちの一方で、怖くて、だから裁判所に足が向かない、恐ろしい」と私にはその胸の内を明かしてくれた。

「ここまでよくやってきた、と思いますよ。お父さんも息子のためにね……。最初、なにもわからないところから、だんだんといろんなことがわかってきて。明は、どう思っているのかわかりませんけど、私たちにとっては、いろいろなことがわかって、納得しています」と雅子さんはまるで自分に言い聞かせるように話してくれた。

私が「闘ってよかったですか」と聞くと、雅子さんは「そうですね。よく、お父さんがやってくれました」と横で黙って話を聞いている夫を労った。

雅子さんは、裁判所に向かう勇さんを玄関先で見送った。「結果が出たら、電話するわ」、そう言って勇さんは自宅をあとにした。

名古屋地裁の周囲に咲き誇る満開の桜を見て、勇さんは、まるで勝訴を祝っているかのように感じて、とても気分がよかったという。

判決を前にして開かれた集会には、大勢の支援者たちが集まっていた。

水野弁護士が、支援者たちにハンドマイクで話しかけた。

「きょうは、お父さんの長い闘いの苦しみが晴れる日にしたいと思います。裁判になって、いろいろなことがわかりました。添乗指導記録票で『葬式の司会のようなしゃべりかたはやめるように』と指導したのは、本庁の課長だった、ということがわかりました。最初は、営業所の職員による指導だったと嘘をついていましたからね。裁判で本庁の課長だったことがわかったのは、大きな収穫でした。指導の〝圧力〟が、営業所の職員と本庁の課長とでは、まったく違いますからね。さらに山田さんは、この添乗指導の前に野並営業所の所長、副所長、主席助役の三人の添乗指導を同じ日に受けていたこともわかりました。苦情メールの責任を負わされ、長期間にわたっていろいろな指導を繰り返し、最後は、本人が改心したと屈服する報告書を出させている。しかも、報告書を出した次の日に今度は、新しいバス車内の転倒事故を突きつけて、警察に出頭させた。この一連の流れを見れば、この裁判は勝利判決以外ないと思っています。誰にとっても強いストレスになったと、裁判官は容易に想像できると思います。これで、裁判官が私たちを負かすことがあれば、裁判官が悪い、と言わざるをえません。我々は、必ず勝つという強い確信を持って、判決に臨みたい。勝利判決以外は、ないと思います。ただ、権力を相手にする裁判は、裁判官がビビるんですよ、自分の評価にかかわるから。それを勝たせる裁判官は、勇気ある裁判官だと言えますが、いずれにしても事実を真面目に、そして良心に従って判断すれば、勝訴以外にないと思っています。」

水野弁護士の力強い発言に、集まった支援者から大きな拍手が起こった。その場所にいた支援者全員が勝利を確信していたにちがいなかった。横断幕を手に、勇さんや水野弁護士たち弁護団、支援する人たちが隊列を組んで裁判所に入っていった。

そして午後一時一〇分、廷内を撮影するテレビカメラが退室すると、裁判長が判決文を読み上げた。

「主文……」

裁判所の外では、なかに入りきれなかった支援者たちが、西川弁護士が持って駆け出してくることになっている判決内容を知らせる旗の登場を待ちわびていた。判決言い渡しから一〇分ほどが過ぎただろうか、裁判所から飛び出してくる西川弁護士の姿が見えた。みんなが固唾を呑んで旗に書かれている文字を追った。

「不当判決」

「なんでだ」、「エー」、敗訴の知らせに、あちこちから悲鳴に似た声が上がった。予想に反して一審判決は完全な敗訴だった。それは、誰もが予想していなかった結末だった。

空疎な判決内容

判決内容は基金側の主張を想像以上に、まるでその代理人のように鵜呑みにしたものとなっていた。判決は、判断の前提として、まず次のように述べている。

「地方公務員災害補償基金が定めた認定基準及び実施通達は、専門家による度重なる議論や近時の精神医学的・心理学的知見を踏まえて作成されており、公務起因性の存否を判断する基準として詳細な基準や要件を定めており、公務の過重性を量的、質的な観点から客観的に把握しようとする点において、地公災法に基づく、補償制度の危険責任の法理にもかなうものであるから、合理的なものであると認められる。したがって、認定基準及び実施通達は、本件公務外災害認定処分時には、発出されておらず、また、裁判所による行政処分の違法性に関する判断を直接、拘束するものではないが、それらを適時、参照しつつ、公務と精神疾患発症の間の相当因果関係を判断するのが、相当である。」

つまりこうである。裁判所が公務災害か否かを判断する基準として、災害補償基金が定めた基準を参考にして判断することが相当だ、と。これでは、原告（山田勇さん）が裁判に訴えた意味がまったくなくなってしまう。原告は、災害補償基金の認定基準とそれにもとづく審査会の判断に納得ができない、だから公正な判断をしてほしい、と裁判所に訴えているのだ。ところが、災害補償基金の基準を参考にするというのであれば、裁判所がその訴えを無視し、役割を放棄したにひとしい。公務災害の判断基準がはたして妥当なのか否かを含めて裁判所に判断してもらいたい、というのが原告側の願いだ。それを避けたのでは災害補償基金の認定基準に沿った判決しか出てこない。これでは認定基準そのものに疑問を持ち、それを争点のひとつとした原告側の訴えは、いつになっても司法に届くことはない。司法の公務災害に対する無理解を如実に示した判決といるといえよう。

そして判決文は、それぞれの争点について、どのように判断したのかを次のように述べている。

市バス運転手の労働の心理的負荷について。

「実施通達は、認定基準のその他の強度の精神的又は、肉体的負荷を与える事象に該当する事象と判断できる場合のひとつである『発症直前の一か月以上の長期にわたって、質的に過重な業務を行ったこと等により、一か月当たりおおむね一〇〇時間以上の時間外勤務を行ったと認められる場合』とし、そのほかに〈質的に過重な業務〉を次のように定めている。

①制度の創設等に携わったこと

②繁忙部署に異動したこと

③組織の合理化等により自ら処理すべき業務が、大きく増加したこと
④業務の失敗に対応したこと
⑤限られた期間内に大量の作業を行う必要が生じたために該当作業に従事したこと
被災者（山田明さん）が従事した市バス運転労働が、これらの具体例に該当するとは認められず、業務の質からみて、これらの具体的例と同程度の心理的負荷を有するということは出来ない上、被災者は、市バス運転業務に六年従事し、それ以前にも、バス運転業務に従事しており、バス運転業務の十分な経験を積んでいることからしても、業務の質から受ける心理的負荷を重視することは、相当とは言えない。したがって、被災者の従事した市バス運転労働が、質的に過剰であったとは、認められない。」

量的過重性について。

「被災者が二〇〇七年六月一二日までに何らかの精神疾患を発症したことに争いはないところ、同月一二日より前六か月間の時間外労働時間数は、一か月間当たりの時間外労働時間数の平均は、六二時間五八分であり、その最大は、七四時間二三分であると認められる。認定基準では、発症直前の一か月以上の長期にわたって、質的に過重な業務を行ったこと等により、一か月当たりおおむね一〇〇時間以上の時間外勤務を行ったと認められる場合に、業務による強い負荷があったとされ、特に一か月あたり八〇時間以上の時間外勤務等を行っていた場合には、留意する、とされているところ、被災

者の労働時間は、一か月当たりの平均が六二時間五八分であり、その最大時間数も八〇時間に満たないから、時間外労働時間数自体が、精神的疾患発症と関連性を有する程度に長時間であったとは、認められない。」

国が定めた過労死と長時間労働の因果関係についての認定基準を、見事なまでに無批判に受け容れた結果の判断だと言えよう。国が定めた基準以下なのだから、心身に異常を与えることはない、と。この判断には被災者の個別の事情はまったく考慮されていないし、裁判官による独自の判断もまったく感じられない。

そして判決は、「葬式の司会のようなしゃべりかたはやめるように」と本庁の運転課長が直接指導した添乗指導の問題に移る。判決文は、「葬式のようなしゃべりかた……」という不適切極まりない指導をしたことについては一切触れず、「仕事の失敗」という独自の判断を唐突に持ち出して、次のように述べている。

「失敗は、軽微なものであり、損害も発生していないこと、仕事の失敗に対する首席助役の注意は、適切な範囲を逸脱するもではなかったことからすると、被災者の持病が、失敗の一因となっている可能性があること、被災者は、自分のアナウンスが、葬式呼ばわりされたことに納得せず、これをパワーハラスメントなどであると感じていた可能性があることを考慮しても、今回の添乗指導の心理的負荷は業務負荷分析表の仕事の失敗の過重な負荷となる可能性のある業務例の心理的負荷には到底及ばず、平均的労働者にとって、弱いものであったと認められる。」

さらに、同じ日に営業所長、副所長、首席助役の三人もが、添乗指導したという極めて異例で過剰とも言える指導については「被災者が、今回の添乗指導以外の添乗指導に気づいていたかは、証拠上明らかではないことに加えて、被災者が受けた添乗指導の回数は六回で、名古屋市交通局全乗務員の添乗指導の回数の平均九・六回よりも少ないこと、今回の添乗指導以外の添乗指導では、指導事項がないことなどに鑑みれば、今回の添乗指導以外に複数回の添乗指導をうけたことをもって、心理的負担が強まるとは認められない」としている。

続けて、匿名の苦情メールが交通局に届き、結果的に明さんの責任にされたことについては、こう判断している。

「失敗の程度は軽微であり、損害は発生していないこと、被災者への事情聴取及び、一連の指導は、適切なものであったことに鑑みると、被災者は、今回のメールの記載の出来事の明確な記憶がなかったこと、被災者の持病が失敗の一因となっている可能性があることや、被災者は、今回の苦情に関する指導に納得せず、一時は辞職まで考えた可能性があることを考慮しても、今回の苦情による心理的負荷は、業務負荷の分析表の仕事の失敗の過重な負荷となる可能性のある業務例の心理的負荷には到底及ばず、平均的労働者にとって弱いものであったと認められる。」

さらに、この訴訟の事実認定で最も重要といってもよい、バス車内での転倒事故については、驚くべきことに、事故はなんと明さんの過失であった可能性が高いと認定しているのだ。これは勇さんや水野弁護士をはじめ支援者の誰ひとりとして想像すらしていなかった判決内容だった。

判決は言う。

「上司からの事情聴取に止まらず、警察に届け出て、捜査の対象になったことからすると相当程度の心理的負荷は認められるところではあるが、その失敗の程度は重大とはいえず、損害も大きなものではなかったことや、首席助役からの事情聴取、警察への届け出への同行、並びに警察の取り調べ及び実況見分の手続きは適切であったことに鑑みると、業務負荷の分析表の仕事の失敗の過重な負荷となる可能性のある業務例の心理的負荷と同程度の強度とは言えず、被災者が、転倒事故を明確には記憶していなかったこと、転倒事故を起こしたと疑われることに納得していなかった可能性があることを考慮しても、心理的負荷が平均的労働者にとって強いものであったとは認められない。」

見ての通り、判決は、ほぼ基金側の主張に沿う形で、事故は明さんが起こした可能性が高いと認定している。それは、「乗客調査票」などの証拠や証言を精査したうえで下した判断とは到底思えなかった。判断理由すら明確に述べられていない。しかも、ここでも事故を「仕事の失敗」というこれまで、原告側、基金側のいずれも主張していない判断を唐突に持ち出し、「たいした失敗ではないのだから、自殺するほどの心理的負荷はなかった」と言うにひとしい判断を下したのだ。あまりに一方的で乱暴な判決だ。訴訟の最大の争点を慎重に審理することなく下したということでは、裁判官の責任を放棄するにひとしい判決だった。

「今回の公務外災害認定処分は適法であり、原告の請求は理由がないからこれを棄却することとする。」

これが判決の結論だった。

原告にとって実にひどい内容の判決だった。基金側の主張の真偽をほとんど検証することなく、それを全面的に採用する一方、原告側の主張にはほとんど耳を傾けていない。あまつさえ明さんの同僚が勇気を振り絞って証言した内容には触れることなく、判決に反映されることはなかった。これでは、まさに「死人に口なし」である。一方の当事者の話だけが真実だと認定され、被災者側の証言や証拠内容は十分に吟味されることはなかったのだ。

私はこれまで、さまざまな裁判を取材してきたが、これほど稚拙でむなしく感じた判決は聞いたことがない。裁判官は、国が作った認定基準にもとづいて、しかも主要な争点は明さんの「仕事の失敗」だと認定したうえで、単に「仕事の失敗」の程度の強弱で判断を下したのだ。明らかに、裁判所に期待されている独自の判断を放棄した判決だった。

「これでは、明に申し開きができん……。これでは、明がなぜ死んだのか、裁判所は、なにひとつ答えてくれていない」と勇さんは怒りをあらわにした。

判決文を熟読した水野弁護士もまた憤りを隠せなかった。

「あまりにひどい判決だ。これでは、裁判に訴える必要がない。基金の判断基準を踏襲するだけならば、裁判所の存在価値はまったくない」と指弾した。

同時に、こうも語った。「これだけひどい判決だと、弁護士にとっては逆に控訴理由を書きやすい。絶対に高裁で逆転勝訴を勝ち取るのです」と。

勇さんは、雅子さんがこれ以上の闘いを望んでいなかったので、たとえ地裁で負けたとしても闘いを終わらせるつもりでいた。しかし、支援者や水野弁護士たちの励ましに、控訴し、高裁で闘いを続ける決意を固めた。あまりにひどい不当な判決が、逆に勇さんの背中を押したともいえる。

第六章　真相が明らかに——高裁での逆転勝利

控訴

二〇一五年六月二六日、控訴審が名古屋高等裁判所で始まるのを前に開かれた明さんの公務災害認定を支援する会は、実に寂しいものだった。当日はあいにくの激しい雨だったこともあろうが、参加者はたったの九人だった。たとえ勇さんや水野弁護士たち弁護団の主張の正しさがわかっていても、裁判所の判決はそれほど重いものなのだ、と私はあらためて痛感した。多くの人たちの参加を期待して、勇さんが机に用意したペットボトルのお茶が余っているのを見て、寂しい思いが募った。私自身も地裁で敗訴するとは考えていなかっただけに、ショックを隠すことができなかった。大阪に本社を置くテレビ局にとって、いわばエリア外の名古屋にまで出向いての取材をこれ以上続けるべきか、悩みもした。しかし、長期にわたって取材を続けてきた経緯もある。地裁で負けたからといって、ここで投げ出すわけにはいかなかった。もし会社から取材を咎められたらどう説明し説得したらよいかと、実のところ不安もあった。だが、そんな不安は無用だった。会社は取材をやめよとは言わなかった。有難かった。

支援者集会は寂しいものだったが、水野弁護士はそれを気にすることなく、いつものように、闘いの経緯を説明し、控訴審での争点のポイントをわかりやすく解説してくれた。

「そもそも、根源的な地裁判決の誤りは『仕事の失敗』だと捉えたことなのですね。行政庁が作った認定基準に安易に乗っかって、誤った認識で明さんのケースを当てはめている。これでは明らかに、裁判官の任務の放棄だし、裁判官の怠慢ですよ。」

水野弁護士の舌鋒は相変わらず鋭かった。

「高裁では、地裁で十分に証拠調べをした、という前提で審理に当たるので、証人調べなどをせずに一回目で結審してしまうケースが少なくありません。なんとか新たな医学的見地などの資料を提出し、証人調べの必要性を訴えて、裁判を早期に打ち切らせない方法を考えることが重要です。そうでないと、高裁での逆転勝訴は決して望めないのです。」

水野弁護士は九人の参加者に力強く語りかけ、署名活動などの継続的な支援の重要性を訴えた。

勇さんは支援者たちに、「私は、いまでも息子は、なぜ死ななければならなかったのか、理由を知りたいと願っています。明の死は、考えても、考えても、残念でなりません。高裁での闘いが、私の最後の闘いだと思っています。みなさんの支援を力にして頑張りますので、ご支援をよろしくお願いします」と深々と頭を下げた。

これが最後の闘いに

地裁の判決がどうであれ、そこですべてを終わらせるつもりだった勇さんは、たとえ高裁判決で負けたとしても、最高裁には上告しない、そう決意を固めていた。

雨の支援集会が終わり、私は久しぶりに山田さんの自宅を訪ねた。雅子さんは、いつものように、裁判に加わらないことを詫びながら、熱心に支援してくれる人たちには、心からの感謝の言葉を口にした。

「地裁の判決は、残念としか言いようがないけどね。本当に残念で……。でも、残念だけど、これだけは、裁判所が決めることなのでね。お父さんも判決の結果がどうであれ、裁判はもうこれ以上はやめようか、と思っていたみたいなのですよ。でも、いままで熱心に支えてくださった人たちの意見も聞いて、高裁は、判決が出るまで一年ぐらいだということなので、それなら一年だけ、頑張ってみる、と私に話したのです。」

すると勇さんが、「家内の言うように裁判をやめてしまったら、スッとするのではないかと思ったのだけど……、ここまで来た以上は、地裁のときも支援してくれる人たちが、法廷をいつも満員にしてもらっているのに、私だけが裁判を諦めるわけにもいきませんからね。最後の望みを賭けようと決心しました」とその胸の内を語ってくれた。

地裁判決の問題は、なんと言っても原告側、基金側の双方とも争点にしていなかった「仕事の失敗」という基準を唐突に持ち出した点だ。「葬式の司会のようなしゃべりかたはやめるように」と指導されたこと、明さん自身、明確に記憶していなかった「乗客からの苦情メール」の件、さらには、車内で起きた転倒事故の責任を負わされて警察に出頭させられたことなど、わずか四か月の間に起きた一連のトラブルのすべてについて、それらを一つひとつ精査することなく明さんが原因と作った可能性が高いと判断し、それを単に「仕事の失敗」だと捉え、その失敗の程度はさほど大きなものではないのだから、「平均的労働者」にとっては自殺するほど強い精神的負荷とは認められない、と結論づけたのだ。そこには明さんが感じていたにちがいない心理的な圧迫感などに気配りした様子は微塵も感じられなかった。明さんの長時間労働についても、過労死に関する国の基準を機械的に適用して、自殺との関連性を否定していた。あらゆる点で基金側の主張を丸呑みにして、それを前提に判断していることが、判決内容を偏った空疎なものにしていた。

水野弁護士をはじめとする弁護団は何度も話し合いを重ね、これまでに判明した事実にもとづいて控訴理由書や口頭弁論の内容を充実・工夫するとともに、名古屋高等裁判所での審理では、まず裁判官に、明さんを巡るトラブルは、モラルハラスメントやパワーハラスメントの側面が強いことを理解してもらうため、それに関する書籍の提出、地裁判決が災害補償基金の認定基準をそのまま踏襲していることの間違いを指摘するための資料の提出、さらに、精神疾患の発症のメカニズムに関する医師の解説書の提出、バス運転手の労働実態を把握してもらうために、新たな証人申請を行う準備などに着手した。

二〇一五年七月一三日、高裁での審議が始まる日も晴天だった。

この日に裁判所が結審の判断を下すと、山田さんの逆転勝訴の望みはほぼなくなってしまう。傍聴席を埋めた誰もが、裁判官の一言一句を緊張して聞いていた。基金側の弁護士は、「仕事の失敗」だと捉えた地裁判決は間違った判断ではなかったこと、職場の上司による明さんへの対応や事故の処理の仕方は、モラルハラスメントやパワーハラスメントには該当しないと述べ、地裁判決を全面的に支持するよう主張した。地裁で勝っているだけに余裕を感じさせる弁論だった。法廷では手続きが淡々と進められ、最終的に裁判長から次回期日をどうするのか、という問いかけが双方の弁護士に対して行われた。この瞬間、最も心配されていた即時結審という事態だけは避けることができた、と誰もが安堵の表情を見せた。

しかし、三回目の審理が開かれた後、一一月六日になって、裁判所と双方の弁護士による、今後の裁判の進め方を決める協議が開かれた。

その席上、裁判長から受けた提案に、水野弁護士は耳を疑った。裁判長から「新たな証拠調べはしない」と告げられたのだ。さらに裁判長は、「地裁の判決は古い認定基準で判断しているが、現在の認定基準で判断していいのか、という点について、双方の主張を出してください」という趣旨を付け加えた。

新たな論点

水野弁護士からこの話を聞いて、私は初めて腑に落ちたことがある。それは、名古屋地裁の判決は、二〇一二年三月に改正された「精神疾患等の公務災害の認定について」という新しい認定基準が運用される以前の、いわば古い認定基準を参考にしていたということだ。

明さんが焼身自殺をしたのは二〇〇七年である。自殺した時点では古い基準が運用されていたが、名古屋地裁で審理された時点では、新しい基準での運用になっていたはずだ。それにもかかわらず、地裁の裁判官が古い基準にこだわったのはなぜなのか。極めて疑問と言わざるをえない。それもそうだ、古い認定基準と新しい認定基準では、内容に雲泥の差があるからだ。

旧認定基準は一九九九年に制定され、二〇〇三年と二〇〇四年に二度にわたり改正されているのだが、内容には不備が多い。たとえば長時間労働に対する認定基準が、旧認定基準では明確に示されていない。ただ「一週間程度から数週間程度にわたる、いわゆる不眠・不休の状態下で行う、犯罪の捜査若しくは火災の鎮圧又は、危険、不快、不健康な場所において行う、人命の救助その他の被害の防御等」とあるだけである。ただし、地裁判決では一応、民間の労災認定で用いられる長時間労働による過労死ラインとされている死亡する一か月あたりおおむね一〇〇時間以上の時間外勤務の基準をあげて、明さんの場合はそれには届かないと判断している。

旧認定基準でさらに問題なのは、職場の上司からのハラスメントやイジメなどのトラブルは取り上げられていないという点だ。

それに比べて、二〇一二年に改訂された認定基準には、過労死については、「一か月当たりおおむね八〇時間以上の時間外勤務等を行っていた場合は、留意する」といった具体的な時間が示されているほか「時間外勤務等の時間数の増加は、精神疾患の発症による勤務能率の低下に伴うものでもあることもあり得ることから、精神疾患の発症の時期と時間外勤務等の時間数の増加の関係についても留意する」として、精神疾患を発症していると仕事の能率が下がり、時間外勤務が増える可能性もあるので留意するようにと指摘している。これは旧認定基準ではまったく考慮されていなかった点だ。

さらに上司によるパワーハラスメントや職場でのイジメについての指摘が新に加えられている。新しい認定基準では「対人トラブル（イジメや嫌がらせ等）のように出来事が繰り返されているものについては、繰り返される出来事を一体のものとして評価できるものとする。したがって、これが発症の六か月前から開始されている場合であっても、発症前六か月以内の期間にも継続していれば、開始時からの出来事も対象とすることもあり得る」とされている。具体的な内容として「上司から業務指導等の範囲を逸脱し、人格や人間性を否定するような嫌がらせ、イジメ、又は暴行を受けた場合」とその認定の基準を具体的に示している。これもまた旧基準にはなかったことだ。

審査委員長が辞任するという異例の事態を引き起こした支部審査会で、名古屋市から支部審査会に人事異動で着任した市の担当者が、「パワハラなどは、認定の基準としない」と発言したのは、旧認定基準を用いてください、と暗に示唆するためのものだったのだ。新しい基準も、現実を十分に直視したものだとは言えないが、旧認定基準と比べれば、はるかに改善されている。裁判中に認定基準が改正されていたにもかかわらず、名古屋地裁は、なぜか旧基準にこだわった。これこそが、ひどい内容の判決を導いた原因のひとつだったのである。

水野弁護士の苦悩

名古屋地裁の裁判長は旧認定基準にこだわり、高裁の裁判長もまた、旧基準を適用すべきか新基準を適用すべきか迷っていることに、水野弁護士は強い危機感を覚えた。補償基金が設けている認定基準にこだわるかのような裁判長の口ぶりから察すると、地裁が下した事実認定を高裁もまた変更しようとは考えていないと推察され、地裁の判決がそのまま維持されるのではないかと感じられたのだ。

裁判では、国が定める公務災害の認定基準そのものが妥当なのか、妥当でないのかも争点のひとつだ。地裁判決のように、国が定めた認定基準を、しかも被災者が自殺した時点の古い認定基準にもとづいて判断するのならば、裁判は地方公務員災害補償基金の審査の延長線上にあると言わざるをえない。そんなことを判断してもらうためにわざわざ時間と費用を費やして訴えを起こしたわけではない。

司法には、災害補償基金の基準は社会的常識から考えて正しいのか、あるいは正しくないのかを厳しく吟味し、それが社会の常識に合致していないのであれば、間違いを指摘してこれを正し、国に認定基準の見直しを迫るぐらいの判断を期待しているのである。

実際、過労死の判断基準は、司法の度重なる新しい判断によって、少しずつ改善されてきた。まだ、その基準があいまいだと言わざるをえない職場でのハラスメントやイジメの認定基準も、司法の場の判断によって改善されることが期待されているのである。にもかかわらず、司法が、すでにある認定基準をもとに、その不備に目をつむり判断しようとしているのであれば、労働災害死の遺族たちが望むような判決は、到底期待することができない。

新たな証人調べも行われないまま、次回の審理で結審してしまう可能性が高まったことを受けて、水野弁護士は、年明けの二〇一六年一月七日、こうした危機的状況を打開するために関係者による対策会議を開いた。会議ではまず、水野弁護士から裁判の現状況に関する認識が示された。

「去年の一一月一六日に裁判所で今後の進行協議がありまして、そこで裁判長が言った点は、大きく二つありました。ひとつは、もう新たな証人調べはしないで審理を終わらせたいということ。それはなぜかというと、裁判長はどうもはっきりとは言わなかったのですが、人事異動で裁判官が交替するのか、裁判長が交替するのか、主任裁判官が交替するのかはわからないのだけれども、そういう言い方をしたのですよ。もうひとつは、地裁の判決は、古い公務災害の認定基準を使って公務外という判断をしていて、明さんが亡った後、認定基準が改訂されているのですが、そういうときに裁判所としては、どちらの基準に拘束されるのか、考え方を示してほしい、と言ってきたのです。新しい基準でいくのか、古い基準のまま判断をしてもいいのか、とね。まだ、そんなことで悩んでいるのか、という残念な印象はぬぐえないのですが、いずれにしましても最も大きな問題は、もう証人調べはしない、ということですよ。一般的に地裁の判決をひっくり返して逆転判決を出そうと裁判官が考える場合は、これまでの例で言うとあらためて高裁でも証人調べをして地裁判決をひっくり返したことはありますが、地裁に提出した証拠資料以上に新しい証拠資料や証人調べをしないときには、一般的には、なかなか判決は覆らないケースが多いですね……」

勇さんや支援者たちは、水野弁護士から、思っていた以上に厳しい内容を伝えられて強いショックを受けた。

水野弁護士の経験にもとづいたその読みは、おそらく間違いないだろう。しかも、水野弁護士は、労働裁判の場合、裁判官の理解がどれだけ深いかが判決の決め手となる。念には念を入れて、証拠を地道に積み上げてこそ、逆転勝利の判決が得られるのだという確信を持っていた。だからこそ、これまでも難しい裁判に勝利してきたし、明さんの事件でも、地道な調査を重ねて、自らバス車内の転倒事故の当事者を探し出し、隠されていたいくつもの真実を明らかにしてきたのだ。証拠を一つひとつ根気よく積み上げ、その一つひとつに説得力があってこそ、逆転勝利が見えてくるのだ。過労死、過労自殺、ハラスメントによる自殺など労働災害死に関する司法の理解はまだまだ浅い。だから被災者遺族にとっては、大きな困難をともなう闘いなのだ。

参加者が静まり返るなかで、水野弁護士は話を続けた。

「勝利判決を明確に見通せる状況にあるのか、と問われれば、正直に言うと不安が残ると言わざるをえません。とくにバス車内で起きた転倒事故については、事実の認定を一審判決ではまったくしていないし、その点については、災害補償基金側の代理人も認めています。判決文にも書かれていないし、事実関係も調べてはいない。裁判所が、なぜそこまでして判断を避けるのか、というと結局、私たちが提出している『乗客調査表』には誤差があるという相手側の主張が効いているためだと思うのです。」

「いくら、データに誤差があったとしても転倒した女性は、女子学生が大勢乗っていて座席定員三一人のバスに座れず、両手に荷物を持って立っていた、と当時の状況を説明している。しかしご存知のように、『乗客調査表』では、明さんが運転するバス車内には、転倒事故が起きた時点では、二人しかいなかったことになっていますよね。たとえデータに誤差があったとしても、数字が大きく違いすぎるのではないか、と私は一審で主張し続けてきましたが、裁判所はデータには誤差がある、という相手側の主張に乗ってしまい、私たちの主張は受け容れられなかった。結局、判決では、転倒事故のバスを明さんが運転していたのか、あるいはしていなかったのかは、明確に判断していません。この点をもう一度強く主張し、高裁の判決では、明さんが、転倒事故の当事者かどうかを、しっかりと裁判所としての判断を示させるように持っていかなければならない。」

最大の争点である転倒事故について、これまでよりさらに詳しく「乗客調査表」の誤差について主張し、裁判官に理解を求める。そうすることによって、裁判所は、転倒事故に関してなんらかの判断を示さなければならなくなり、おのずと明さんが受けた心理的負荷についての判断も変わるのではないか、というのが水野弁護士の考え方だった。

基金側が主張する「乗客調査表」には誤差が生じるという主張は、私も含め関係者の誰もが、それはおかしいと感じていた。「乗客調査表」に誤差があるにしても、女性や介助した男性が証言したバス車内が座れないほどの混みようだったとは、到底考えられなかった。「乗客調査表」と女性の証言とはあまりに違いすぎた。この点について地裁ではなんら判断することなく、転倒事故は明さんのバスで起きた可能性が高いと結論づけているが、到底納得できるものではなかった。

水野弁護士は話し続けた。

「さて、そこでこれから裁判をどのように進めればよいのか、ということなのですが、要は『乗客調査表』に関する信ぴょう性の議論に決着がついていないというのは間違いのないことなのですよね。そのうえで一審の裁判では、判断を避けて本人が警察署に出頭することを了承したということだけを重く見ていて、それによって実際の心理的負荷はどうだったのかを判断すればよい、という考え方に立っている。いわば明さんが、警察への出頭を承諾した事実を重く見て、転倒事故があったのか、なかったのかは、横に置いといて心理的負荷は大きくないと判断したのですね。しかし、明さんのバスで転倒事故は起きていなかった、となれば本人が警察署に出頭することをたとえ承諾したとしても、そこには大きな心理的負荷があったと主張できるわけですよ。」

「『乗客調査表』の矛盾点を徹底的に主張して、裁判所が判断から逃げられないようにすることが、必要ではないだろうか、というのが私の意見です。みなさんの意見はいかがですか。」

水野弁護士の提案に、勇さんはもちろん参加者たちもまったく異論はなかった。

話し合いの結果、次回の法廷で結審させないために、大要次のような主張を展開することになった。

基金側が「乗客調査表」のデータには誤差が生じるという主張を展開する根拠となった市側が行った「独自調査」のサンプルには、転倒事故を起こしたとされる金山ターミナルを午前一〇時二三分に出るバスの資料は含まれていないこと、また、当日は晴天であったにもかかわらず、市側が提出したデータのサンプルは雨の日のものであった点を指摘し、誤差が生じやすい条件下のデータを意識的に抽出したのではないかと主張する。そして、市側は調査結果のなかから誤差のないデータは故意に隠している疑いがある、したがって市の調査担当者を新たな証人として申請する。

最後の法廷

二〇一六年一月二一日、名古屋高裁で四度目の法廷が開かれた。

水野弁護士は、さきに打ち合わせした通り、基金側が提出した「乗客調査表」の誤差を示す証拠には、明さんが運転していたバスと同じ時間帯の同じ型のバスについては調査していない点を指摘し、雨の日だけを調査している不自然さを突いた。また、西川弁護士は、転倒したとされる女性を助けた男性が毎日通っているI整形外科は、自宅を挟んで金山バスターミナルとはまったく反対側にある点をもう一度、念入りに説明した。仮に男性が毎日、午前一〇時二三分に金山ターミナルから出るバスに乗ってI整形外科に通っていると仮定すると、わざわざ自宅を朝早くに出て一度金山バスターミナルにまで行き、そしてI整形外科に戻るという、いかにも不自然な行動をとらなくてはならない点を強く主張した。そして、男性の娘が、父は金山ターミナル近くにある会社に勤めていて、仕事帰りに病院に立ち寄っていた、と証言したことを再度述べたうえで、「乗客調査表」の誤差データを調査した市の担当者を証人として喚問するよう求めた。

裁判長は、水野弁護士たちの主張を聞いて、「合議しますので、少しお待ちください」といったん休廷した。

ほんの数分だっただろうか、裁判長たちが法廷に戻ってきて再び着席した。

勇さんや水野弁護士、傍聴席の支援者たちは、裁判長がどのような言葉を発するのか、固唾をのんで注視した。だが、裁判長から発せられた言葉は、期待を完全に裏切るものだった。

裁判長は、新たな証人調べは行わない、裁判を終結する、と宣言したのだ。

傍聴席からは「なんでだ」、「きちんと証拠調べをしろ」など厳しい言葉が飛んだ。

水野弁護士は、冷静に言葉を選びながら、「裁判が終結することは、本意ではありませんか、最後に父親の勇さんから陳述をさせてもらいたい」と申し出た。

許されて、勇さんは証言台に立ち、用意してきた文書を読み上げた。


「裁判の記録を見ていただいている裁判長をはじめ、裁判官の方々には、ご理解いただいていることもあるかと思いますが、高等裁判所における審理を終えるにあたり、最後に訴えさせていただきます。息子の明は、名古屋市バスの運転士をしていましたが、二〇〇七年六月一三日に伊勢湾岸自動車道の名古屋南インターチェンジ高架下の通路で、牛乳パックに入れたガソリンをかぶり、焼身自殺を図り亡くなりました。通りがかった人が発見してくれて通報してくださり、ドクターヘリで中京病院に運ばれましたが、私が病院に駆けつけたときは、全身をヤケドしていて、『痛い、痛い』と訴えるだけで、手のほどこしようもありませんでした。息子が亡くなったのは、三七歳の時でした。大学を卒業していったんは、別の会社に入りましたが、小さい頃からあこがれていたバス運転士になりたいと転職し、就職氷河期といわれた時期でしたが、名古屋市バスの運転士に採用され、家を新築して結婚相手を探していた矢先の出来事でした。私どもとしては、自殺に全く思い当たるところがありませんでしたので、勤めていた名古屋市交通局野並営業所長に対して『真相がわかれば、私どもの心の深い傷が少しでも癒されると思います。故人を成仏させてやりたいのです。些細なことでもお知らせください』という手紙を出しました。

私どものお願いに対して、野並営業所長は『この度の原因につきましては、私どもといたしましても摑めておらず、当惑しているところであります』と、思い当たることは何もないとの答えが返ってきました。

ところが、自宅にあったパソコンから『上申書』と『進退願』が見つかり、息子が亡くなる前、四か月間に三つの大きな出来事が身に降りかかっていたことがわかりました。『思い当たることは何もない』という所長の回答が、まったくの嘘であることがわかり、二〇〇八年七月二日に公務災害認定の請求書を提出しました。最初の事件では、息子は『上申書』を書いています。名古屋市交通局の自動車運転課長から『葬式の司会のようなしゃべりかたはやめるように』という指導に対して、息子は上司によるパワーハラスメントであると訴えています。二つ目の事件では、身に覚えのない乗客からの苦情の申し出をうけて『進退願』には、退職まで考えるほど思い詰めていたことが書かれていました。

何回も上司から指導を受けて、息子は反省文を書かされています。反省文を書いて一件落着と思って翌日に出勤したところ、三つ目の事件が起こりました。身に覚えのないバス車内の転倒事故の運転士にされてしまいました。息子は、自分が運転するバスでは、転倒事故はなかった、と訴えましたが、昭和警察署に出頭させられてしまいました。息子が、自殺する前日のことです。昭和警察署から野並営業所に帰ったあとでも、自分が運転したバスでは、転倒事故は起きていないと上司である組長にメールで訴えています。

公務災害認定の審査の中で『乗客調査表』という、バスを乗り降りする人数を記録する資料が出てきて、息子が運転していたバスでないことが明らかになりました。

しかし、名古屋市交通局は誤りを認めず、基金も公務災害と認めませんでした。

二〇一三年二月には、名古屋地方裁判所に訴えを起こしましたが、名古屋地方裁判所の裁判官までもが、三つ目の事故の『乗客調査表』についてきちんと判断を示さず『乗客調査表』を無視したことが、納得できません。

息子の明は、真面目で上司から出勤を頼まれれば、休日にも出勤しており、三六協定にも反する長時間の勤務についていました。市バスを運転することによる疲れもあったと思います。

息子の明は、四か月という短期間に三つの大きな出来事に遭い、うつ病になって自殺したもので、息子の自殺は、公務災害であると確信しております。

息子の明が亡くなって、すでに八年以上経過しています。ぜひとも名古屋地方裁判所の誤った判決を取り消して、何卒、息子の明の自殺を公務上災害と認めていただきたいと思います。」

そして、正面に座る三人の裁判官に深々と頭を下げた。

こうして九年近くもの長い歳月を費やした勇さんたちの闘いに終止符が打たれた。あとは高裁の判断を待つしかなかった。

裁判が終わって報告集会が開かれた。

水野弁護士は支援者たちにこう語りかけた。

「最後の最後まで、全力を尽くして、我々はこの裁判で勝って当然だと思っています。しかし、ご存知の通り裁判所は、私たちが思うほど、公平なところではないから、どういう結果についても、驚かないようにしてください。でも、最後のがんばりで、相手方を圧倒したと思います。」

支援者たちはみな厳しい表情で、水野弁護士の話を聞いていた。涙を流す支援者もいた。最後の望みを託していた証人調べが実現しないまま結審してしまったその意味の重さを、誰もが感じ取っていた。私は落胆した。勇さんや雅子さんのことを考え、やりきれなさで胸が締めつけられる思いがした。

期待とは逆の不当な判決になるのかも知れなかった。その場の誰もが、裁判の行方に不安を感じていた。重苦しい雰囲気を感じ取ったからだろうか、水野弁護士が「決して諦めることなく、最後の最後まで署名集めをして裁判所に提出し続けよう」と呼びかけた。会場からは期せずして賛同の声と拍手が起きた。

最後に勇さんが挨拶をした。これが勇さんの支援者たちへの最後の挨拶になるかも知れなかった。
「きょうも大勢の人たちにお集まりいただき、ありがとうございました。感謝してもし切れません。私も精一杯、最後の陳述をしたつもりです。これで、裁判官に私たちの思いが通じた、と私は思いたいです。まだ、望みはあると信じています。本当に判決を楽しみにしています。判決で今度こそ、明の公務災害が認められると信じています。これまで闘えたのは、ただただ支援してくださったみなさまの協力があったおかげだと思います。家内は、この闘いからはリタイヤしてしまいましたけど、いままで、みなさんに助けてもらって、ここまで、やってこられたと思い感謝いています。これからも応援よろしくお願いいします。」

そう言って、いつものように深々と頭を下げると、集まった支援者たちは暖かい拍手を贈った。高裁では、幸いにも一回での結審という最悪の事態は避けられたものの、結局、期待した証人調べは行われることはなかった。高裁が地裁判決を見直すのかどうかは微妙な情勢だ。水野弁護士は、私には「十分に審理されていないのだから負けても上告の理由になる」と自らに言い聞かせるように話してくれたが、勇さんはこのうえさらに闘いを続けることは望んではいなかった。もし負けた場合、上告するようにとの周囲からの説得に、勇さんが耳を貸すか、私は半信半疑だった。

判決

二〇一六年四月二一日、名古屋高裁で判決が言い渡される日を迎えた。天候は、あいにくの大雨で、しかも嵐を思わせるほどの強風が吹いていた。私が、山田さんの家に着くと、二人はいつものように居間でくつろいでいた。裁判所に行く時間が近づくと、二人は並んで仏壇に手を合わせ、裁判での逆転勝訴を願った。

勇さんは、「これが最後だと思って、きょうは裁判長を信じて、これから判決に臨みたいと思います。やるべきことは、すべてやった、と思っています」と、いつもより少しすがすがしい表情を見せた。隣に座る雅子さんは、裁判に協力できなかったことをこの日も詫びた。支援する人たちの暖かい支えがあるのにもかかわらず、自分は裁判所に一度も足を運ぶことがなかったことが、いつも心に引っかかっていたのだ。

「今日の日を迎えるまで、長かったというか、これで区切りをつけて、なんというか、解放されるというのか、そんな感じです。裁判は、怖くって見に行けませんでしたけど、そこに出かけられなかったこと後悔というか、申しわけないと思っています」と、しきりにこれまで支援を続けてくれた人たちを気遣って、そう語った。

そして、たとえ裁判で勝てなくても、明の件をとおして、名古屋市交通局の職場が少しでも以前より働きやすい環境になっていってくれれば、それだけで気がすむ、とも語った。

判決は午後四時から言い渡されることになっていた。

勇さんは、雅子さんを自宅に残して、土砂降りの雨と強風のなかをひとり名古屋高裁に向かった。

いつものように、「公務災害を認めよ」と書かれた横断幕を掲げて、勇さん、弁護団、支援者たちが整列して裁判所に入って行った。

午後四時、裁判長をはじめ裁判官が入廷した。静まり返った法廷に判決文が読み上げられた。


「主文、原判決を破棄する。」


法廷は一瞬静まり返った。裁判長が発した言葉は、ある意味では誰もが予期していなかった内容だった。

勝ったのだ。奇跡ともいえる逆転勝利だった。これまでも、困難な裁判を数多く闘いぬいてきた水野弁護士でさえ、にわかには信じられないという表情をみせた。傍聴席はすぐさま沸き返った。

判決の要旨は次のとおりだった。裁判所特有の難解な表現は避けて、解釈を交えながら平易な文章に書き換えて紹介することにする。

まず、市バス運転労働の精神的負荷については、「二〇〇六年三月二四日に、名古屋市交通局長と名古屋市交通労働組合とのあいだで締結された労働基準法三六条に基づく覚書で、平日の時間外労働の限度は一日五時間、休日労働は一日一〇時間三〇分と定められているにもかかわらず、被災者（山田明さん）は、二〇〇六年一二月から二〇〇七年四月までの間は毎月一回、二〇〇七年五月には三回にわたって平日五時間を超える超過勤務をしており、休日である三月一日には一二時間四七分、五月二四日には一三時間五九分の休日労働をしている。ストレス測定、とくにストレスを数値化したライフイベント法（社会的ストレス評価法）の専門家は、一か月の平均残業時間が六〇時間以上の場合は、残業時間がまったくない場合や一〇時間未満と比べて、ストレスの度合いに大きな有意差が認められ、平均残業時間が六〇時間を超える場合は、ストレス度の見地から問題が多く、長時間労働が心身の余力や予備力を低下させ、ストレス対処能力を大幅に低下させ、その結果、ちょっとしたストレスフルな出来事に対しても、パニックに陥りやすい状態が作られる」と指摘している。

さらに、「被災者の時間外労働時間数は一か月当たりの平均で六〇時間を超えているから、ストレス度の見地からは問題があり、心身の余力や予備力を低下させていた可能性は否定できない」とも述べている。

残業時間に対する裁判所の考え方が初めて示されたのである。

「被災者が従事した市バス運転労働は、質的に過重であったとはいえないものの、量的には時間外労働数が一か月当たり六〇時間を超え、名古屋市交通局の同僚らと比較すると、相当多くの時間外労働をしているといえるうえに、ＩＬＯ第一五三条約の規定も超過しており、問題がなかったとはいえない。」

このように、過労死ラインとされる残業時間は超えていないのだから問題はない、とした地裁判決を覆したのである。とくに画期的だったのは、民間の労災認定では、六か月前の平均残業時間がおおむね八〇時間以上で直前の一か月の残業時間がおおむね一〇〇時間を超える場合、長時間労働と過労死・過労自殺との因果関係があるとされているにもかかわらず、「一か月で六〇時間を超える時間外労働でも自殺や死亡との因果関係が考えられる」と、従来よりも一歩踏み込んだ判断を示した点だ。これは、過労死や過労自殺の認定をめぐって裁判を闘う人たちに大きな勇気を与えるものと言えよう。

「葬式の司会のようなしゃべりかたはやめるように」と指摘した添乗指導については、「交通局の運転課長が直接営業所に電話して、運転士の指導を指示することはめったにない、珍しいことだ」と認定したうえで、「運転課長が被災者の運転するバスに乗った区間は非常に短く、止まった停留所も二箇所であったうえ、被災者が運転していたバスは超満員という特殊な状況にあった。したがって本来、被災者に対して、マイナスの評価を下すべきだが、そのような状況を考慮してマイナスの評価はしないという主旨で、添乗指導記録票には『キャンペーン対象外とするが』と付記した。しかし、課長は、主席助役に電話した際には、被災者にマイナスの評価はしない旨は告げていない。またその後、添乗指導記録票が被災者に示されることはなかった。被災者は、当時〈お客様ご案内キャンペーン〉の期間中であったため、運転士に対する指導が強化されていることを知っていたし、首席助役から注意を受けた際には、マイナス評価はされないことは伝えられていなかった」と前置きしたうえで、精神的負荷について次のように述べている。

「被災者は、主席助役から、本庁課長からの電話連絡で、被災者のアナウンスの声は小さくて抑揚がなく、葬式の司会者のようなアナウンスだったので、大きく伝えるように注意しておけと言われた、と聞かされた。しかし、被災者のアナウンスは、運転課長に聞こえていたと認められる。主席助役も指摘しているように、被災者はアナウンスをしているのだから、課長の指摘は主観的なものといえる。また、『葬式の司会のような』という表現は、相手をおとしめる言葉であって、運転課長は、被災者の指導に当たってきわめて不適切な用語を使用したとして、名古屋市から注意処分を受けている。添乗指導についてまったく予期していなかった被災者に、運転課長が営業所に直接電話をするという、めったにない珍しい方法で注意していること、しかもその注意もきわめて不適切なもので、被災者をおとしめるような厳しい言葉でなされたことと照らすと、被災者は、今後の自分の処遇に影響があるにちがいないと不安を感じたであろう。そうした精神的負荷をひとりで受け止め、解決しなければならなかったという意味において、被災者に与えた精神的負荷は相当程度のものであったと判断できる」としている。

メールで届いた乗客からの苦情については、「被災者は、苦情メール記載の出来事に心当たりがないにもかかわらず、二〇〇七年五月一六日に助役による事実確認と指導を受けたほか、六月五日には、名古屋市交通局自動車部自動車運転課指導係の指示を受けた野並営業所の助役に命じられて、同営業所の模範的な運転士のバスに添乗して指導を受け、同月九日には、同課から指示を受けた野並営業所の運行管理責任者である主席助役による特別指導を受けている。また、被災者は、同月一[illegible]日には、メールで寄せられた客からの苦情に関する出来事について、反省する旨を記載した添乗リポートを作成している。

模範的な運転士のバスに添乗するという方法での指導や、営業所の運行管理責任者による特別指導を受け、レポートの提出まで求められることは、当時、あまり例のないことである。このような扱われ方をした被災者が、二〇〇七年五月一六日以降に『乗務員として不適格であれば、辞職を考えるしかありません』などと記載した進退願を作成したことに照らすと、客からの苦情が原因で被災者の受けた精神的負荷は相当に大きかったと認められる」と、この点でも地裁判決とは真逆の判断を明確に示している。

そして、これまで災害補償基金の審査でも、また地裁の審理でも、一度もきちんと検証をされることのなかった、いわゆるバス車内で起きた転倒事故について、次のように初めてその判断を示した。

「原告（山田勇さん）は、バスの『乗客調査表』によると、転倒事故を起こしたバスが桜山東停留所を出発するまでに、それまで乗っていた乗客は全員降車したとされているから、事故を起こしたバスに滝子停留所で乗車し、バスが桜山東停留所を出た後に転倒事故に遭ったとされる女性は、被災者の運転するバスには乗車していなかったはずである、と主張している。

そこで検討するに事故バスの『乗客調査表』が、正確であるとすると、転倒事故を起こしたバスに、金山バスターミナルから滝子停留所までの間に乗車した乗客は、桜山東停留所を出発するまでに、全員降車していたことになる。桜山東停留所を出発した時点でバスに乗っていた二名は、同停留所で乗車した二名であると考えられる。

しかしながら、災害補償基金側が提出した証拠によると、名古屋市交通局営業本部自動車部所属の職員が、二〇一三年七月二四日および同月二五日、金山停留所において、バスの乗客につき、『乗客調査表』による乗車人数のカウント値と、車載カメラ映像により認められる乗車人数を比較する検証を行ったところ、多くの乗客が、連続して乗車するような状況の場合や、乗車券の購入等のために、乗客がセンサーを遮断する状態で、運転席付近に立ち止まっている間に、その乗客の横を乗客が通過したような場合において、センサーによるカウント値が実際に乗車した人数よりも少なくなることがあったことが認められることから、『乗客調査表』の数値をそのまま採用することはできないと主張している。

もっとも、職員による上記検証の結果は、センサーによるカウント値が二五人であったが、実際の乗車人員は三一人であった場合と、センサーによるカウント値は一九人であったが、実際の乗車人員は二五人であった場合があったというものであり、仮に転倒事故が起きたバスにおいて、センサーによるカウント値が実際の乗車人員より少なくなっていたとしても、その誤差は、市が行った検証の結果と同じ程度であったと考えられる。」

と指摘したあと、バスの車内で転倒した当時七五歳の女性は、事故を起こしたバスには女子学生が多数乗車していたこと、さらには転倒した状況についていては、両手に荷物を持って立っていたが、桜山東停留所を発車後にバスが揺れ、その際に転倒し、同乗していた知り合いの男性に助け起こしてもらったと説明している。しかし、原告側の提出した証拠によれば、バスの座席数は三一席であったにもかかわらず、「乗客調査表」によると、桜山東停留所を発車した際の乗客は二一人にすぎない。「乗客調査表」の数値をそのまま採用できないとしても、車内の状況が「女子学生が多数乗車していて」、「両手に荷物を持った状態で立っていても誰も席を譲らず、被害者が座席に座ることができない」ほど混雑していたとは考えにくい、ときわめて常識的な判断を下したのである。

判決はまた、「被害者を助け起こした男性は、主席助役に対し、毎日金山発午前一〇時二三分のバスを利用してI整形外科に通っていると述べているが、男性の自宅住所はI整形外科の最寄り停留所である藤成通五丁目停留所から見て、金山停留所とは反対方向である市大薬学部停留所付近に位置することから、午前一〇時二三分に金山停留所発のバスを利用してI整形外科に来ていたという男性の供述の信用性には疑問がある」。「転倒事故の一〇日後に名古屋市交通局に事故の申告をした女性が、転倒事故を起こしたバスへの乗車時刻についての記憶ははっきりしないと述べていること等からすれば、転倒事故が、被災者の運転するバスの中で発生したと断定することは困難である」とも指摘している。

このように、災害補償基金側が主張し続けてきた「乗客調査表」に生じる誤差問題にメスを入れ、転倒した女性の証言の信ぴょう性についても、また男性の自宅とその勤め先および通っている病院との位置関係から、男性の証言の信ぴょう性についても、その不自然さ認めたのだ。原告側が、これまでに何度も主張してきたことが、やっと受け容れられたのである。

勇さんたちが、最も重視し、その判断を強く求め続けてきた、転倒事故は本当に明さんが乗務していたバスで起きたのか否かについて、初めてまっとうに検証され、その結果、「明さんのバスで事故が起きたと断定することは困難だ」という明確な判断が下されたのである。

そうした判断にもとづいて、判決は被災者である明さんの精神的負荷の強度について次のように述べている。

「バス車内で起きた転倒事故は『発進反動』事故であると認められ、名古屋市交通局において、重点的に防止を図るべき事故として教育、指導が行われていたものであるところであり、被災者は、転倒事故を起こしたとの認識がないのにもかかわらず、転倒事故を起こした当時者として主席助役らの事情聴取や警察の取り調べを受けるなどした。」

「被災者は二〇〇七年六月一二日の午後、突然、勤務を外され、同日午後二時頃から午後二時一五分頃まで、野並営業所の所長室において、主席助役及び主任助役から、バス車内で起きた転倒事故に関する事情聴取を受け、転倒した女性および介助した客の証言があると告げられたことから、転倒事故を起こしたこととの認識はないと述べつつも、被災者が、転倒事故を起こした運転士であることを前提に警察への事故届けをすることを了解し、同日午後三時頃、主席助役および主任助役とともに昭和警察署に赴き、事故届けを提出して、警察の取り調べを受け、実況見分の立会い、同日午後六時三〇分頃、野並営業所に戻り、その頃から同日、午後一〇時まで、同営業所の待機室で一人待機するように命じられ、同日午後八時頃から二度にわたり、主任助役から同営業所事務所に呼び出され、一度目は、転倒した女性に電話をかけることを告げられ了承し、二度目は『ひょっとしたら良い方向にいくかもしれんよ』と伝えられた。」

「被災者が、同日午後八時四二分には、上司の組長に対し『今日、出勤時に二週間前に車内転倒事故があったと言われました。自分はまったく覚えがなく、申し出もなく、正直納得できません』と言う内容のメールを送信し、同日午後一一時四〇分頃、同僚の携帯電話にひどく落ち込んだ様子で電話をかけ、翌一三日の午前一一時四五分、牛乳パックに入れたガソリンを身体に浴びて焼身自殺を図ったことからすれば、転倒事故に関与していない、と認識していた被災者にとって、主席助役及び主任助役による事情聴取を経て、バス車内で起きた転倒事故に関する警察官の取り調べを受け、実況見分に立ち会うことは、被災者は、認識と矛盾する対応をせざるを得なかったという意味で大きな精神的負荷になったと考えられる。」

さらに、明さんの自殺が公務災害であると認定した理由を次のように述べている。

「被災者が、焼身自殺する直前に精神的疾患を発症したのは、このような職場環境の下においてであること、『葬式の司会のようなしゃべりかたはやめるように』と指導された添乗指導、客からの苦情メール及びバス車内で起きた転倒事故の三つの出来事が、わずか四か月という短期間に発生していること、バス車内で起きた転倒事故に関与していない、と認識していた被災者にとって、主席助役および主任助役による事情聴取を経て、転倒事故に関する警察官の取り調べを受け、実況見分に立ち会うことは、被災者の認識と矛盾する対応をせざるを得なかったという意味で、大きな精神的負荷となったと考えられること等を考慮すれば、被災者がこれらの出来事から受けた負荷は、平均的労働者にとっても、強い精神的負荷であったと考えられる。そして、これらの出来事以外に被災者の精神障害の発症の契機となった出来事は、見当たらない。以上によれば、被災者が、焼身自殺の直前に精神疾患を発症するにいたった主たる原因を被災者の個体的脆弱性・反応性に求めるのは相当ではなく、被災者が、顧客サービスの向上に努める名古屋市交通局の姿勢を強く意識して、精神疾患を発症するにいたったと見られることからすれば、被災者の精神疾患の発症は、公務に内在ないし、随伴する危険が現実化したものと認めることが、相当である。」
「したがって、被災者の死亡について公務起因性を肯定することができると解されることから、これと異なる判断にもとづいたなされた被災者の公務外災害認定処分は違法であり、取り消しをまぬがれない。」
「よって、上記と結論を異にする名古屋地裁の判決を取り消し、控訴人の請求を容認することとして、主文のとおり判決する。」

勇さんや水野弁護士らの弁護団、支援者たちのこれまでの心のつかえが一気に吹き飛ぶような明快な判決内容だった。高裁での審議の経過から、みな一抹の不安、いや期待に反する厳しい判決を覚悟していたにちがいない。新たな証人調べが実現せず、裁判所から結審を告げられた時点では、再び敗訴を予期していても不思議ではなかった。

それだけに支援者たちの喜びも一層大きかった。

法廷の外で判決を待ちわびている支援者に勝訴を知らせるため、西川弁護士が「勝利判決」と書かれた旗を持って激しい雨や強風をものともせずに玄関を飛び出し、「やりました！」と叫びながら旗を広げると、ずぶ濡れの支援者から「やった！」「やった！」とあちらこちらから喜びの声があがった。

屈辱的な地裁判決から一年、苦しかった闘いが報われた瞬間だった。

勇さんが法廷から出てきた。

「まさかと思ったけど……、裁判官の判決を聞いたときは、びっくりしたよ。夢じゃないかと思ってね。九年近く、息子を信じて、裁判をやってきてよかった」と喜びを全身で表しながら、「息子には、ようやく浮かばれたぞ、って報告したい」と語るとすぐに携帯電話を手に取り、自宅で報告を待ちわびていた雅子さんに電話をかけた。数秒間の呼び出し音のあと、電話口からは「モシモシ」と雅子さんの声が聞こえた。

「やりました！」と勇さんは、声を張り上げた。

「へえ？」すぐには理解できなかったのだろう、雅子さんが甲高い声でそう答えた。間髪入れずに勇さんが叫んだ。「勝った！」と。

雅子さんは、「え〜」と驚きの声を上げた。私はこれまで、雅子さんのこんな張りのある明るい声を初めて聴いたように感じた。

雅子さん「よかったね」

勇さん「よかった」

雅子さん「ありがとう」

勇さん「本当によかったぁー」

勇さんは目に涙をにじませていた。まさしく九年近くの二人の苦労が報われた瞬間だった。地裁への提訴を前にして、雅子さんが闘いからは身を引くと決心したとき、夫婦の間には大きな亀裂が生じていた。そばで見ていた私は、離婚してしまうのではないか心配するほどだった。これは決して過剰な心配ではなかった。しかし、それでも勇さんは闘うことを諦めなかったし、雅子さんも少しずつ少しずつ夫の思いを理解し、許すようになっていった。「息子の無念を晴らしたい」と願う気持ちは同じでも、名古屋市という大きな壁のような相手と長く闘い続けることは、それほど困難と苦悩をともなうものだったのだ。その胸の内は、お二人にしか、いやそれぞれ本人にしかわからないものだったかも知れない。それでも互いを信頼し続け、この日を迎えることができた。「頑張っていれば、信じていれば、いつか報われる」長年共に生きてきたお二人にとって、そんなことが実感できた日だったにちがいない。

弁護団が判決文を読み込み、勝訴判決の意義を報告集会で報告することになっていた。高裁近くに設けられた報告集会の会場には、五〇人ほどの支援者とマスコミ関係者が詰めかけた。

会場に入るや、勇さんは大きく両手を掲げ「やりました！」と叫んだ。会場の支援者たちからは一斉に歓声が上がり、会場はまるでお祭り騒ぎとなった。水野弁護士も興奮冷めやらぬといった様子だった。百戦錬磨の弁護士といえども、今回の闘いはそれほど厳しく難しいものだった。だからこそ、喜びもまた格別だったにちがいない。

「とにかく、画期的な判決です。まだ、興奮していて十分に読み込めていないのですが、すばらしい判決だということだけは、間違いなく言えます。」

水野弁護士にしては珍しく、興奮気味に声を上げた。その表情は、これまで見たことのない素敵な笑顔だった。

判決の意義

今回の裁判の勝因には、まずなによりも、水野弁護士をはじめ弁護団が控訴理由書で一審判決の誤りを徹底的に明らかにしたことがあげられる。職場のハラスメントについての文献や医学的な意見書の提出、バス車内で転倒したとされる女性の証言の不自然さ、市側が行った男性への聞き取り調査の内容の信ぴょう性などを徹底的に追及した。そして、時間外労働が、たとえその目安とされる基準以下だとしても、ストレス対応能力が減退してパニックを起こしやすいことを辛抱強く訴え続けた。また、明さんが真面目な性格で、仕事と誠実に向き合っていたことを立証し、名古屋市営バス運転手のOBたちの協力を得ながら、バス運転手の仕事の特殊性、精神的な負担の大きさもていねいに説いた。

転倒事故については、とくに乏しい根拠にもとづいて、明さんが乗務していたバスで起きた可能性が高いと前提したうえで、それは単なる「仕事の失敗」にすぎないと判断した、稚拙としか言いようのない地裁判決の内容を徹底的に批判した。

高裁の裁判官たちは、それに真摯に耳を傾け、一つひとつ慎重に検証し、「原判決破棄」という判断を下すにいたったのだ。

水野弁護士はのちに、控訴審判決の意義をこう述べている。

「地方公務員災害補償基金の認定基準を緩やかに解釈する判決で、地方公務員の公務災害の救済の範囲を広める画期的な判決となった。

また、指導とハラスメントの関係、誤った指導による心理的負荷の強度の判定や指導の限界についても示唆に富んでいて、長時間労働、一か月で六〇時間を超える時間外労働はストレス対応の能力を大幅に低下させ、ストレスフルな出来事に対して、パニックに陥りやすい状態が作られることを認めた意義は大きい。

複数の出来事について、個々に心理的負荷の強さを判断するだけにとどまらず、これらを総合的に判断し、客観的な証拠を重視するとともに、証拠価値を公正に評価している。たとえば『乗客調査表』のデータ、バスの混み具合等、明さんの認識と明さんが置かれた状況を正しく認定して、それとの関係で明さんが受けた心理的負荷を正しく認定している。

また、たとえば、警察へ出頭するにいたった経過など、出来事が連続して発生するなかで、頼りにする組織がなく、孤立感を深めていった様子がわかる内容の判決となっている。職場における支援の重要性、つまり〈お客様、ご案内キャンペーン〉、〈発進反動、扉挟、撃追突〉をゼロにする目標を設定して、運動していたことなどのいわゆる〈お客様第一主義〉、当時の労務管理が、明さんの心理的負荷となった背景を正しく認定している点などで画期的な判決だ」と。

判決を受けて、災害補償基金名古屋市支部は、上告するかどうか中央の機関と協議して決める、というコメントを発表したが結局、上告期限の二〇一六年五月六日、大方の予想に反して上告を断念し、判決は確定した。高裁判決がそれだけ精緻で、説得力に富んだ内容だったと言うこともできよう。

こうして、九年近くもの長きにわたる山田さんたちの闘いは、ようやく終止符を打つことができた。

支援する会の代表が声明を発表した。

「市バス山田明運転士公災認定判決確定にあたって」と題されたその声明文には、次のようにあった。全文をそのまま掲載する。

去る四月二一日、名古屋高裁は原判決及び基金の公務外処分を取り消し、市バス山田明運転士の自死を公務上災害とする画期的判決を下した。地方公務員災害補償基金は、上告期限であった五月六日、上告を断念し高裁判決が確定した。山田運転士自死から九年、地方公務員災害補償基金に対し、公災認定を請求から八年を経てようやく無念の死が報われた。山田運転士が、自死にいたった原因は、判決にあるとおり人権を無視した三つの〝できごと〟にあることは明らかである。

「基金」は、被災した職員、遺族に対する補償を迅速かつ公正に行うことを目的としているにもかかわらず、被災にいたった事実をつぶさに調査することなく、公務外とする誤りを犯したのである。同時に名古屋市交通局は、人権をないがしろにした労務管理の結果、山田明運転士を自死に追いやった事実を真摯に反省し、遺族に謝罪することが求められている。判決は、当時の交通局が「お客様第一主義」という経営方針のもとで、市バス運転士が些細なミスや苦情を恐れ、加えて、長時間労働、長時間拘束労働の下で精神的負荷、身体的負荷により、ストレス対処能力を低下させていたことを問題点として指摘している。市民、利用者を安全快適に輸送するためには、運転士が心身ともに健康な状態で業務に従事することが大前提である。名古屋市交通局においては、市バス運転士の労働時間をはじめとする労働環境の改善を図るとともに、人権を尊重した労務管理に努めることが求められている。

エピローグ

山田さん夫妻は、名古屋高裁の判決を受け基金側が最高裁判所への上告を断念した時点で、すべての闘いを終わらせることにしていた。遺族に対して当然の権利として認められている、職場の安全配慮義務を怠ったとして損害賠償を求める権利を放棄することにしたのだ。それは名古屋市から反省の表明と謝罪があるはず、と信じていたからだ。

勝訴判決を受けて、勇さんは二〇一六年七月に名古屋市交通局長に対して申し入れ書を提出した。内容は、明さんの焼身自殺を「公務災害」であると市としてきちんと認めたうえで、遺族に謝罪すること、また、明さんを死に追いやった職場でのパワハラや嫌がらせがなぜ起きたのかを調査し、その結果を公表することなどを求めたものだった。しごく当然の要求である。

しかし、市からの回答書は、山田さん夫妻をまたしても落胆させ傷つけるものだった。回答書には次のようにあった。

「高裁判決はあくまでも基金側の判断が間違っていた、ということであり市としては、なんら職場に問題があったとは考えてはいないという主張に変わりがない。したがって、市として山田明氏の問題を検証し改善する必要はない」と。

開き直りともいえる回答で、遺族に対する配慮は今回もまた示されなかった。

勇さんも雅子さんも、高裁判決を受けて名古屋市交通局がなんらかの形で反省の意を表し、謝罪してくれるものと信じていた。しかし、その期待は、あっけなく裏切られたのだ。これでは、裁判に勝ったとはいえ、長い間苦しい思いをして闘い続けきた真の目的を達成することはできない。ご夫妻が求めてきたのは、明さんの自殺の真相を明らかにすることを通して、市交通局の職場環境の改善と労働災害死の再発防止なのだ。それには、当然、交通局の反省と謝罪が不可欠だった。

期待を完全に裏切られてしまったお二人は、水野弁護士と相談し、支援者たちとも話し合い、名古屋市交通局に対して、損害賠償を求める民事裁判を起こすことを決めた。言うまでもなく、お二人の目的は決して賠償金ではない。民事裁判で市の安全配慮義務違反を認めさせ、今度こそ市交通局から反省と謝罪、再発防止策を勝ち取るためなのだ。

二〇一六年一〇月二五日、名古屋地裁に損害賠償の提訴をする日を迎えた。よく晴れて秋らしい気持ちのよい日だった。裁判所には雅子さんの姿もあった。

私は、裁判所の前に初めて立った雅子さんに、「どうして闘いに加わる決心をしたのですか」と率直に聞いてみた。雅子さんからは、「裁判に負けても反省することもなく、あくまでも市には誤りはないのだと言い張り、謝罪もしないのは許されない。裁判を傍聴して辛い思いをするかもしれませんが、今度は頑張りたい」という返事が返ってきた。

高齢の夫婦は、息子の死をめぐって再び闘いを始めることになった。

ペンを置く前に

労働災害は実に多種多様で、起こる事象は年々複雑さを増している。しかし、長時間労働と過労死の因果関係を証明するだけでも困難を極める。しかもその証明は、遺族の側に委ねられている。この現状は、あまりに厳しい。労働者の死と長時間労働との因果関係を認定基準にもとづく時間外労働の時間数で決め、これ以下だから認められない、超えているから認める、という判断は、個々人の身体能力や体調あるいは仕事の内容・密度など個別の問題が十分に考慮されているとは言えない。単に時間だけで線を引き、因果関係を判断するのは、今日の労働現場の実情にそぐわない。

さらには年々増加している職場でのハラスメントによって、強い心理的負荷を負ったことが原因のうつ病や自殺は、なかなか表には出てこない。この問題に対して、今後どのように対処し、判断していくのか。これはある意味で、残された遺族にとっては、過労死以上にそれを証明するのが困難な問題だ。山田明さんの場合のように、職場で巧みに隠され続けた真相が、弁護士たちの努力で次々と明らかになったケースは、極めて稀だ。その稀な例といえども、真相を明らかにするのに九年近くもの歳月を要している。多く場合、遺族たちは真相にたどり着くことができずに絶望し、闘いを断念してしまっている。

私たちは知恵を出し合い、いまの労働災害認定や公務災害認定の現状をなんとしてでも改善していかなければならないと痛切に思う。これは他人事ではない。いつ自分や家族の身に降りかかるかも知れないのだ。

労働者の多くは、平凡でも幸せな生活を送るために、あるいは夢をかなえるために、満員電車に揺られ、あるいは渋滞を我慢しながら、毎日職場に出て、汗を流し懸命に働いている。その職場環境が原因で、あるいは過労やハラスメントが原因で、死ぬようなことがあっては決してならない。そのことを明さんの焼身自殺は、私たちに訴えかけている。

職場環境や仕事が原因で死なない労働環境を作るために、いまこの国に必要なことは何か。国や企業、労働組合はもとより、職場の労働者たちも問題と真剣に向き合い、知恵を絞らなければならない時が来ているのではないか。たとえば、いま安倍政権が推し進めている、いわゆる「働き方改革」が、その標語通り、まともな「改革」をもたらすものか、働く人たちの労働環境を改善するものであるのか、これは誰もが強い関心を持って考え判断しなくてはならない問題なのだ。もし仮に、これが間違った方向であれば、この国の労働現場は取り返しがつかないことになってしまいかねない、という危機感を私は持っている。

山田さん夫妻は高齢を押して、その貴重な日々を子息の焼身自殺の原因を究明するために費やしてきた。お二人にとって、それは人生の残り時間との闘いでもあった。お齢である。不幸にも勇さんが高裁判決を待たずに倒れていたら、逆転勝利は勝ち取ることはできなかったのではないか。そんな山田さんのような遺族を二度と生まないために、私たちはいま何ができるのか。職場環境や仕事が原因で死なないために、いまなすべきことは何か。本書がそのことを真摯に考え、働く場と働き方を再考する一助になることを願ってやまない。

なお、山田さん夫妻が名古屋市交通局を相手取って起こした民事裁判は提訴からすでに一年以上経過しているが、本書の校正を終えた二〇一八年一月の時点では、まだ証拠提出の手続きが進められていて、法廷での証人尋問にはいたっていない。山田明さんが焼身自殺してからすでに十年以上になる。このように途方もない時間が費やされる現実を、私たちは直視し、これを重く受け止めなければならない。

こうした現実を見るにつけても、この国の労働環境、職場環境の改善は喫緊の課題だということを、もう一度強調させていただいて、ペンを置きたい。

二〇一八年一月七日

奥田雅治

解題――推薦のことばにかえて

森岡孝二――関西大学名誉教授

この本は市営バス運転手の悲惨な焼身自殺事件をめぐる出色のルポルタージュである。

かいつまんで言えば、名古屋市営バス運転手の山田明さん（当時三七歳）は、車内アナウンスを「葬式」呼ばわりされるなど、耐えがたいハラスメントを受け、さらに、身に覚えのない乗客の車内転倒事故の濡れ衣を着せられ、警察署に出頭させられた翌日の二〇〇七年六月一四日に焼身自殺をした。両親は当初、事情がまったくわからなかったが、明さんのパソコンを調べて事の重大性を知り、水野幹男弁護士に相談し、地方公務員災害補償基金名古屋市支部に対して、息子の死が公務災害であることの認定請求を行った。しかし、公務上の災害とは認められなかったために、両親はその決定を不服として、支部審査会に審査請求を申し立てた。ところがその審査では、明さんの死を公務外とみなした市の担当者が人事異動で審査会事務局の担当になり、「えん罪やパワハラは判断の材料にしない」という前提で審査が進められた。途中、支部審査会の委員長が不正常な進行に抗議して、審査委員を辞任するという一幕もあった。これでは公正な審査がなされるはずもなく、その結論は交通局の言い分を追認したものであった。

そこで、両親は支部審査会の決定の取り消しを求めて、名古屋地裁に行政訴訟を提起する道を選んだ。この裁判もまた両親の期待を裏切るものであった。ポイントだけを言えば、地裁判決は、事件の発端となった車内転倒事故の責任を明さんの「仕事の失敗」に帰したうえで、失敗の程度は重大とはいえないとして、結局、仕事の上では自殺するほどの強い心理的負荷はなかったという判断を下した。

しかし、両親も弁護士も支援者も、被告側の主張を鵜呑みにした地裁判決で真相究明を諦めるわけにはいかず、闘いの舞台は名古屋高裁に移された。それまでの経過から見通しはきわめて厳しかったが、二〇一六年四月二一日、事件発生から九年近くを経て迎えた高裁の判決では、発端となった転倒事故は山田明さんが乗務していないバスで起きており、それを明さんの責任に帰すのはえん罪であることが明らかになった。それとともに、明さんが強い心理的負荷を受けたことを証明する証拠が重視され、明さんの焼身自殺は公務上の災害であることが認定された。その後、基金側が上告しなかったので、高裁判決が確定した。

労働者を自死に追いやる職場のハラスメント、公務災害の認定の前に立ちふさがる制度の壁、真相を覆い隠す名古屋市交通局の闇、地方公務員災害補償基金名古屋市支部審査会のお仕着せ審査、証拠に目をつぶった失望の地裁判決、そしてついに真実が明らかになる高裁での逆転勝利判決。ここにいたるまでのこのドラマの主な登場人物は、被災者の山田明さん、彼の両親、弁護士、そして支援者たちである。両親は勝利の期待が何度も裏切られ気持ちがくじけそうになる。実際、母親は疲れて途中ですべてを父親（夫）に託して闘いの表から身を退く。それでも支援者たちは両親を励まし続ける。事件を取り巻く闇が深ければ深いほど、長い闘いの後に真実が明らかになったときの喜びけ大きい。その意味で、本書は公務災害の認定をめぐる深い闇と隠せない真実を描いた貴重な記録文学である。

著者の奥田雅治氏は現在、大阪の毎日放送（ＭＢＳ）の報道局番組部長の要職にあるが、これまで長らくドキュメンタリー番組の製作を担当してきた。本書で取り上げた事件に先だって、過労死問題にも関心を持ち、二〇〇七年にはトヨタの過労死事件（堤工場の車体部で班長職として働いていて三〇歳で亡くなった内野健一さんのケース）を取材して、「映像'07　夫はなぜ死んだのか～過労死認定の厚い壁～」を制作している。この作品は、第四五回ギャラクシー賞・テレビ部門優秀賞、「地方の時代」映像祭二〇〇八グランプリ、平成二〇年日本民間放送連盟賞・テレビ報道部門優秀賞などを受賞している。また、本書の映像版ともいえる名古屋市営バス運転手焼身自殺事件に取材した「映像'13　隠された事故～焼身自殺の真相を追う～」は、平成二五年度文化庁芸術祭優秀賞を受賞した。ほかに「映像'08　息子は、工場で死んだ～急増する非正規労働者の労災事故～」や「映像'10　母との暮らし～介護する男たちの日々～」でも大きな賞を受けている。

奥田氏が「映像'16　追いつめられた〝真実〟～息子の焼身自殺と両親の9年～」にいたるまで追いかけてきた名古屋市営バスの山田明さんの焼身自殺事件は、トヨタの内野健一さんの事件や、電通の高橋まつりさんの事件のような、よく知られた過労死事件ではない。しかし、明さんは、本書で詳しく述べられているように、三六協定に違反する時間外・休日労働に従事していた。三六協定では、平日の時間外労働の限度は一日五時間、休日労働は一日一〇時間三〇分と定められていたにもかかわらず、明さんは、二〇〇七年五月には三回も平日五時間を超える時間外労働をし、同月二四日には一三時間五九分の休日労働をし、一か月六〇時間を超える時間外労働を行っていた。月六〇時間を超えるような時間外労働は健康障害を引き起こす恐れがあるが、明さんの場合には、長時間労働によってストレス対応能力が低下していたことに加えて、車内アナウンスを「葬式」呼ばわりされ、身に覚えのない事故の責任を負わされ、被疑者として警察署に出頭させられるという状況が重なって、えん罪とハラスメントによる強い心理的負荷があった。こういう状況を考えると、明さんの焼身自殺も、ほかの過労自殺と同じように過労死の一類型だと言いうる。

厚生労働省の「過労死等の労災補償状況」によると、二〇一六年度の過労死にかかわる脳・心臓疾患の労災請求は八二五件、うち支給決定は二六〇件（死亡は一〇七件）であった。過労自殺にかかわる精神障害の労災請求は一五八六件、うち支給決定は四九八件（死亡は八四件）であった。これらの数字は過労死（過労自殺を含む）が依然として多発していることを示唆してはいるが、実際に起きた過労死の件数を示すものではない。「公務災害」と呼ばれる公務員の労働災害のデータはこれには含まれない。また、それとは別に、ここに挙げた労災請求件数の背後には、過労とストレスで倒れても本人や家族が労災請求を諦めるケースが何倍もあると言われている。

二〇一六年一〇月に発表された第一回『過労死白書』は、二〇一〇年度の厚生労働省の人口動態調査から、在職中の脳血管疾患および心疾患等による死亡数は三万三五三人に上るというデータを示している。さきの白書によると、勤務問題が原因・動機の一つと推定される自殺者数は、二〇一五年には二一五九人を数える。その三割強六七五件は「仕事の疲れ」によるものである。これらの在職死亡者や自殺者のなかにも少なからず過労死の被災者が含まれているものと推定される。そのなかにはまた過重労働に加えて、仕事に関連した強いストレスやハラスメントでうつ病を発症して自殺に追い込まれた人も少なくないと考えられる。

過労やストレスで倒れたあと、被災者の家族や存命している本人が泣き寝入りをせずに、労災請求に踏み切ったとしよう。その場合も、証拠となる発症前の労働時間、職場や仕事の状況、労務管理の実態、ハラスメントの有無などの事実資料を被災者側が集めるのは容易ではない。企業や労働組合の協力が得られることは稀で、同僚の証言を得ることも難しい。

被災者が公務員の場合は、一般の労災請求のこうした困難に加えて、公務員災害補償基金に特徴的な制度的困難がある。本書に述べられているように、公務災害の認定請求を審査する地方公務員災害補償基金の支部は、名古屋市支部の場合、名古屋市役所の組織の一部でしかない。組織の長である支部長は、名古屋市長が務めている。しかも、公務災害の認定を受けるために請求者が提出する資料は、当人が所属する組織、たとえば公立学校の教員の場合は学校長を通して提出される。いわば、身内で起きた公務災害を身内が審査する仕組みになっているのである。しかも、基金の行う補償等に必要な経費は、当該の地方公共団体等からの負担金によって賄われているために、財政負担上、認定が抑制的になる傾向がある。この点、公務災害の補償制度を労災保険制度のような財政的に独立した機関にすることが求められている。また、公務災害については労働局や労基署に相当する監督機関および相談窓口がないことも改善を要する。こういった改革課題を検討するうえでも、本書が取り上げた公務災害認定の具体的事例は参考になる。

ちなみに、二〇一七年一〇月に発表された第二回『過労死白書』で、二〇一五年度における地方公務員の公務災害の補償状況を見ると、脳・心臓疾患の受理件数は三八件、うち認定件数は三二件（死亡一三件）、精神障害の受理件数は九七件、うち認定件数は三二件（死亡一一件）となって、ここ一、二年、いずれも受理件数および認定件数が増えている（内数の認定件数が同一になっているのは偶然かと思われる）。

最後に「ハラスメント」について言い足しておく。二〇一四年に制定された「過労死等防止対策推進法」（略称・過労死防止法）では、一一月が「過労死等防止啓発月間」とされている。二〇一七年一一月二日に大阪で行われた労働局主催、過労死防止大阪センター協力の啓発シンポジウムでは、滋賀大学名誉教授の大和田敢太氏が「過労死とハラスメント」をテーマに講演した。

大和田氏は、ハラスメントを包括的に「労働者に対して、精神的あるいは肉体的な影響を与える言動や措置によって、人格や尊厳を侵害し、労働条件を劣悪化しあるいは労働環境を毀損する目的あるいは効果を有する行為や事実」と定義し、よく用いられる「パワーハラスメント（パワハラ）」の概念に疑問を投げかけている。パワハラは、往々、職務上の地位または職場内の優位性を背景に、業務の適正な範囲を超えて精神的ないし身体的苦痛を与える行為とされているが、こうした理解では、使用者が労働者に対して、行き過ぎでない範囲でならパワーを行使することが当然視され、使用者と労働者との間の関係について、労働契約関係は合意にもとづく対等・平等な関係であるという原則が無視されがちになり、ひいては労働者の人間としての尊厳や人格の自由が軽視されることになる。

この見解については議論の余地があるとしても、本書が取り上げた市営バス運転手の自殺事件の場合は、パワーハラスメントの概念よりも、ハラスメントの概念のほうがより適切に当てはまるように思われる。その意味で本書はハラスメントをめぐる議論にも大きな一石を投じるだろう。

最後に、仕事で家族や自分がいのちをすり減らしたり奪われたりする状況に置かれている人びと、働く者の健康と安全に関心をもつ労働者、市民、弁護士、労働組合の活動家、労働問題の研究者、そしてこれから働く学生に、本書が広く読まれることを願っている。

奥《おく》田《だ》雅治《まさはる》

1962年生。関西大学社会学部卒業。新聞社を経て現在，毎日放送報道局次長兼番組部長。プロデューサーとしてドキュメンタリー番組の制作に携わる。本書のテーマである名古屋市営バス運転手の焼身自殺の真相を追った番組「映像'13 隠された事故～焼身自殺の真相を追う～」で2013年に第68回文化庁芸術祭賞などを受賞したほか，「映像'07 夫はなぜ，死んだのか～過労死認定の厚い壁～」でギャラクシー賞，放送文化基金賞，地方の時代映像祭グランプリ，日本民間放送連盟賞，「映像'08 息子は，工場で死んだ～急増する非正規労働者の労災事故～」でギャラクシー賞，坂田記念ジャーナリズム賞，「映像'10 母との暮らし～介護する男たちの日々～」でギャラクシー賞，JNNネットワーク協議会賞大賞，坂田記念ジャーナリズム賞，「映像'16 追い詰められた"真実"～息子の焼身自殺と両親の9年～」でギャラクシー賞など，新聞・テレビを対象とした各賞受賞作品を制作。

森《もり》岡《おか》孝《こう》二《じ》

関西大学名誉教授，大阪過労死問題連絡会会長

焼身自殺の闇と真相 市営バス運転手の公務災害認定の顛末

2018年2月20日　初　版

著　者　奥田雅治
解　題　森岡孝二
装幀者　加藤昌子
発行者　桜井　香
発行所　株式会社 桜井書店
東京都文京区本郷1丁目5-17 三洋ビル16
〒113-0033
電話 (03)5803-7353
FAX (03)5803-7356
http://www.sakurai-shoten.com/

印刷・製本　株式会社 三陽社

ISBN978-4-905261-37-7 Printed in Japan